RÖMER KOCHBUCH

Impressum

Das Werk, einschließlich seiner Teile, ist urheberrechtlich geschützt. Jede Verwertung außerhalb der engen Grenzen des Urheberrechtsgesetzes ist ohne Zustimmung des Verlages unzulässig und strafbar. Das gilt insbesondere für Vervielfältigungen, Übersetzungen, Mikroverfilmungen und die Einspeicherung und Verarbeitung in elektronischen Systemen.

4. Auflage.
© 2013 Verlag FEL!X AG, Wintrich,
Tel.: 06534/9487913
verlag@felix-ag.de - www.felix-ag.de

Printed in the European Community
Satz/Layout: J. Neumann-Neudamm AG
Titel: Aus dem Archiv des Verfassers
Bildnachweis:
    Fotos: Jens Christoph,
    Foodstyling: Markus Plein,
    sowie Abbildungen aus dem Archiv des Verfassers.
Herstellung: Gutenberg Riemann GmbH, Kassel

ISBN 978-3-86738-028-7

VORWORT

Verehrte Freunde der römischen Kultur und die, die es noch werden wollen

Die hier in diesem Buch zusammengestellten Interpretationen ausgewählter Facetten der römischen Küche bieten für den interessierten Zeitgenossen ein Geschmackserlebnis der besonderen Art! Ein wenig exotisch zwar, aber umso gewaltiger vom Gaumenkitzel her, zeigen uns die nachfolgenden Rezepte mit welch einfachen Mitteln man „Rom" schmecken kann.

„De re coquinaria", die römische Küche, gilt seit vielen Jahren als Geheimtipp unter den Experten. Es ist an der Zeit, mit althergebrachten Klischees aufzuräumen, die die Kochkunst der alten Römer als überaus gewöhnungsbedürftig schildern. Außergewöhnliche Zutaten wie Fischsauce und viele Kräuter, sogar in Süßspeisen, die viele heute mit einem Rümpfen der Nase kommentieren, haben dazu geführt, dass sich eine gewisse ablehnende Haltung unter den Mitmenschen aufgebaut hat. Dies steht in einem absoluten Gegensatz zum Geschmackserlebnis eines römischen 6-Gang Menüs.

In meinem „Römerkochbuch" habe ich einige, bei vielen Gelegenheiten getestete, antike Gerichte und Menüs exklusiv in einem Werk zusammengestellt. Von den Vorspeisen, über die sehr vielfältigen Hauptgerichte, bis hin zu den Desserts des Imperium Romanum, die recht einfach zubereitet werden können, werden Sie alles finden, was die Küchen der Antike bereithielten.

Das „Römerkochbuch" beschreibt die römische Küche von ihrer Entstehung in archaischer Zeit bis hin zur Vielfalt eines Marcus Gavius Apicius. Die damals vorhandenen Zutaten (Fleisch, Gemüse ...) sind ebenso beschrieben wie die gesamte Bandbreite röm. Kräuter und Gewürze.

Alle Gerichte ala Apicius und auch meine „Eigenkreationen" sind leicht und mühelos nachzukochen. Alle Zubereitungsmöglichkeiten und die explizite Zusammenstellung von Menüs für ein „röm. Gastmahl" werden eingehend behandelt. Zusätzlich gibt es Tipps und Informationen im anhängenden Serviceteil, wo Zutaten, Repliquen von Küchen- und röm. Keramikausstattung bezogen werden können.

Viel Spaß beim Nachkochen!!

Edgar Comes
(TIBERIVS SECVNDINIVS COMES)

Inhalt

Vorwort 3
Einleitung 6
Mahlzeiten und Tischsitten 9
Die Rohstoffe 12

GUSTATIONES (VORSPEISEN) 19

I. MORETVM
(Käse-Knoblauch-Kräuter Paste) 20
II. OVA ELIXA
(Gefüllte hartgekochte Eier) 23
III. IN OVIS APALIS
(Gekochte Eier mit Pinienkernsauce) 24
IV. ALITER CVCVMERES
(Gurkensalat auf andere Art) 27
V. IN TVBA EX LIQVAMINE
(Endiviensalat mit Liquamen) 29
VI. ALITER PATINA ASPARAGIS
(Spargelauflauf auf andere Art) 30
VII. PATINA PISCICVLIS
(Auflauf von kleinen Fischen) 33
VIII. GVSTVM DE BVLBOS
(Vorspeise von Zwiebeln) 34
IX. GVSTVM DE PRAECOQVIIS
(Vorspeise von Aprikosen) 37
X. LENTICVLAM DE CASTANEIS
(Linsen mit Kastanien) 38
XI. PATINA DE CVCVRBITAS
(Auflauf von Kürbissen) 40
XII. ALITER CVMINATVM
(Kreuzkümmelsauce auf andere Art) 41
XIII. ESICIA DE TVRSIONE
(Thunfischfrikadellen) 43

ADDITIONES (BEILAGEN) 45

I. BETAS MINVTAS ET PORROS
(Rote Beete mit Lauch) 47
II. PISVM INDICVM
(Erbsen auf indische Art) 48
III. PISVM VITELLIANAM SIVE FABAM
(Erbsen oder Bohnen à la Vitellius) 51
IV. CONCICLA
(Bohnentopf) 52
V. CONCICLA COMMODIANA
(Bohnentopf à la Commodus) 55
VI. ALITER TISANAM
(Gerstengrütze auf andere Art) 56
VII. BVLBOS
(Gemüsezwiebeln) 58
VIII. ALITER BVLBOS
(Gemüsezwiebeln auf eine andere Art) 59
IX. PORROS
(Lauch) 60
X. ALITER PORROS
(Lauch auf eine andere Art) 61
XI. BOLETOS FVNGOS
(Frische Champignons) 63
XII. FABACIAE VIRIDES
(Grüne Bohnen) 64

MENSAE PRIMAE (HAUPTGERICHTE) 67

I. ESICIA DE PORCINVS
(Frikadellen vom Schwein) 68
II. LVCANICAE
(Lukanische Würstchen bzw. Frikadellen) . . . 71

III. PATINA DE PISCE LVPO
(Auflauf von Seebarsch) 72
IV. MINVTAL TERENTINVM
(Frikassee à la Terenz) 75
V. MINVTAL MATIANVM
(Frikassee à la Matius) 76
VI. MINVTAL EX PRAECOQUIS
(Frikassee mit Aprikosen) 77
VII. PVLLVM NVMIDICUM
(Numidisches Huhn) 78
VIII. PVLLVS VARIANVS
(Huhn à la Varius) 81
IX. PVLLVM FRONTINIANVM
(Huhn à la Fronto) 82
X. OFELLAS OSTIENSES
(Braten auf Ostienser Art) 85
XI. ALITER PVLLVM
(Huhn auf eine andere Art) 86
XII. VITTELLINA FRICTA
(Gebratenes Kalbfleisch) 89
XIII. IVS IN PISCE ELIXO
(Sauce für gekochten Fisch) 90
XIV. ALITER IN APRO
(Wildschwein auf andere Art) 93
XV. PORCELLVM CORIANDRATVM
(Ferkel mit Koriandersauce) 94
XVI. IVS IN PISCE ASSO
(Sauce für gegrillten Fisch) 97
XVII. AGNVS FRICTVS
(Gebratenes Lamm) 98
XVIII. PVLS
(Römischer Eintopf) 100

XIX. IUS ALBUM IN COPADIIS
(Schnitzel mit weißer Sauce) 101
XX. IUS IN ELIXAM
(Kochfleisch mit Sauce) 102
XXI. IUS IN CORDULA ASSA
(Gegrillter Thunfisch mit Sauce) 103

DVLCIA (DESSERT) 105
I. PATINA DE PIRIS
(Birnenauflauf) 106
II. OVA SFONGIA EX LACTE
(Omeletts mit Milch) 107
III. PATINA VERSATILIS VICE DVLCIS
(Gestürzter Auflauf als Süßspeise) 108
IV. ALITER PATINA VERSATILIS
(Ein gestürzter Auflauf auf eine andere Art) ... 109
V. PATINA DE CIDONEIS
(Quittenauflauf) 110
VI. GLOBVLI
(Quark-/Mohnbällchen) 111
VII. TIROPATINAM
(Käseauflauf) 112

CONDITVM PARADOXVM
(Paradoxer Gewürzwein) MVLSVM 114

Die Quellen 115
Service 117
GRATIA (Dank) 120
Menüvorschläge 124

Einleitung

Die römische Welt war eine sehr bunte und vielfältige dazu. Ein Imperium, das den größten Teil der damaligen bekannten Welt umfasste. Über 500 Jahre haben es die "Imperatores Romani" (die römischen Kaiser) verstanden, ein solch riesiges Gebilde auf der Landkarte zu beherrschen. So bunt und so vielfältig war auch die Küche des römischen Reiches, das in seiner größten Ausdehnung von Mesopotamien bis nach Britannien und von Afrika bis in die tiefen Wälder Germaniens reichte. Ein paar ganz kleine Ausschnitte aus dieser Vielfalt haben die Wirren der letzten 2 Jahrtausende überstanden und liegen uns in Form von antiken Beschreibungen vor. Die wohl bedeutendste dieser Beschreibungen liefert uns das römische Kochbuch des Marcus Gavius Apicius, "De re Coquinaria", das mit seinen 10 Büchern das Kernstück dieses Buches bildet. Aber auch andere antike Autoren wie Vergilius, Cato oder die Herren Columella und Plinius maior spielen eine ganz entscheidende Rolle in der antiken Kochkunst.

So haben diese Zeitgenossen der ersten römischen Kaiser uns Informationen über die damaligen Verhältnisse in der Landwirtschaft und über die Kulturpflanzen hinterlassen. Welche Gemüsesorten wurden angebaut, welche Obstbäume und welche Getreidearten gab es in der damaligen Zeit? Auf all diese Fragen kann man in den historischen Texten eine Antwort finden. Im Grunde genommen hatte der römische Koch all die guten Sachen zur Verfügung, die wir heute auch kennen. D.h., auf Pfeffer und andere exotische Gewürze brauchte man auch damals nicht zu verzichten, es kam jedoch entscheidend darauf an, wie dick der jeweilige Geldbeutel war. Worauf man allerdings sehr wohl verzichten musste, sind einige Kulturpflanzen, die aus der heutigen Küche nicht mehr wegzudenken sind. Dazu zählen vor allem die aus der neuen Welt stammenden Kartoffeln, Tomaten, Paprika und Auberginen. Über einen Kartoffelgratin oder ein leckeres Tomatensüppchen hätten sich die "alten Römer" schon gefreut, aber in erster Linie nur gewundert.

Ebenso unüblich war der heute in rauhen Mengen zum Süßen verwendete Kristall- oder Rübenzucker. Zucker war in der Antike facto unbekannt. Also musste man auf andere Süßungsmittel ausweichen. Hierzu zählten in erster Linie Honig, eingekochter Trauben- und Obstmost und Rosinenwein. Bei Gewürzen und Kräutern gab es eine noch größere Vielfalt, als wir es heute kennen. Die Verwendung in der Küche war ähnlich wie in späteren Zeitepochen stark von regionalen Einflüssen geprägt, ein gewisser stadtrömischer Touch lässt sich jedoch auch hier eindeutig feststellen.

Das Kochbuch des Apicius beschreibt vor allen Dingen genau diese urbane römische Küche am Hofe des Kaisers Tiberius, die in der damaligen "High Society" praktiziert wurde.

Das Erstaunliche an der Geschichte ist jedoch, dass der Normalverbraucher in der heutigen Gesellschaft, die in der Antike für die Oberschicht prädestinierten Zutaten jeden Tag auf dem Tisch hat. In den folgenden Abhandlungen sollen alle Zutaten und Gewürze der römischen Küche, die Zubereitung und Herstellung der Gerichte und die Tischsitten der römischen Zeit kurz beleuchtet werden.

Mahlzeiten und Tischsitten

Der Tagesablauf

Nachdem man sich in römischer Zeit am Morgen (normalerweise zwischen 7 und 9 Uhr) von der Schlafstatt erhoben hatte, nahm man nach einer kurzen Morgentoilette ein kleines Frühstück, das sog. Ientaculum zu sich, das in der Regel aus Brot, Eiern, Milch und Wasser bestand.

Der Vormittag war grundsätzlich für die Arbeit und die geschäftlichen Erledigungen, der Nachmittag und der Abend eher für die angenehmen Seiten des Lebens vorgesehen. Wenn man es sich leisten konnte, wurde die vormittägliche Tätigkeit um die 6. Stunde (ca. 11.00 Uhr) beendet.

Um die Mittagszeit wurde dann das Prandium, ein mehr oder weniger zweites Frühstück eingenommen. Dieses bestand ähnlich wie das Ientaculum aus kalten Speisen und Obst. Im urbanen Bereich, in der röm. Stadt also, konnte das auch schon mal ein Imbiss aus einer der vielen Garküchen sein.

Nach dem Prandium legte man sich zur Mittagsruhe der sog. Meridatio, die je nach regionalen Gegebenheiten als eine Art Siesta mehr oder weniger gepflegt wurde.

Ab der achten oder neunten Stunde begab man sich in die Thermen oder das private Badehaus, um sich bei Wechsel- oder Dampfbädern physisch und psychisch zu erholen.

Nach dem Bade bzw. dem Thermenbesuch gönnte man sich durchaus einen kleinen Spaziergang, oder beliebte einen kurzen Plausch mit Bekannten und Freunden auf dem Forum oder dem Umfeld der Villa Urbana zu halten.

Um die neunte bis zehnte Stunde pflegte man die Hauptmahlzeit des Tages zu sich zu nehmen, die Cena. Hierbei wurde nicht, wie des öfteren beschrieben, bei Tisch gelegen, sondern man setzte sich ganz normal auf Korb- oder Ledersesseln mit der Familie um den Esstisch zusammen. Die Kinder und die Sklaven taten dies an einem eigens für sie hergerichteten Tisch. Die Gerichte wurden in Schüsseln und auf Platten aufgetragen. Gegessen wurde hauptsächlich mit den Fingern, zum Verzehren von breiartigen Speisen und der Saucen dienten Löffel.

Die Cena bestand durchaus aus mehreren Gängen, die aus unterschiedlichen Vorspeisen, Hauptgerichten und Desserts individuell zusammenstellbar waren. Bei den Getränken wurde als Apéritif gerne das sog. Mulsum, ein mit Honig gewürzter Wein gereicht, ansonsten trank man den guten Sitten entsprechend mit Wasser verdünnten Wein. In den nördlichen Provinzen kann es natürlich auch einmal mehr cerevesia, also Bier gewesen sein.

Nach dem Essen wandte man sich den geselligen Dingen, wie der Musik und Spielen zu, die zur Unterhaltung am restlichen Teil des Abends dienten.

Waren Gäste zu einer Cena eingeladen und konnte es sich der Gastgeber leisten, wurden die Speisen in edlen Silber- und Goldgefäßen aufgetragen und man lag dann durchaus auch auf Clinen zu Tisch. Hier kann man sich leicht ein dekadentes "Gastmahl bei Trimalchio" wie es Petronius beschreibt, vorstellen. Das dicke Ende eines solchen Gastmahls war in der Regel die Commisatio, ein Gelage bei dem normalerweise nur Männer zugelassen waren und das bis in die Nacht dauern konnte.

Die Küche

Gekocht wurde auf einer gemauerten Herdstelle, die mit Holz und Holzkohle befeuert wurde. Als Kochtöpfe verwendete man irdene, eiserne, bleierne und bronzene Gefäße. Diese stellte man auf schmiedeeiserne Roste und Dreibeine, die je nach benötigter Hitzezufuhr mehr oder weniger hoch waren. Natürlich kamen auch eiserne und bronzene Brat- und Backpfannen zum Einsatz.
Aufgetragen wurde in zeitgenössiger Keramik, die in antiker Zeit noch nicht glasiert war. Aber auch Bronze-, Silber- und sonstige Metallgefäße wurden zum Servieren der zubereiteten Speisen verwendet.
Als weitere Küchengeräte verwendete man kleine und große Reibschalen, Mörser, Messer, zweizinkige Gabeln und kleine und große Löffel. Alle Arten von Schöpfkellen, Seihern und Sieben wurden zum Abgießen von Flüssigkeiten benötigt.
Eine ganz besondere Stellung unter der römischen Keramik nimmt die rötliche "Terra Sigilata" ein, das sog. römische Porzellan. Dieses, nach einem ganz besonderen Brennverfahren hergestellte römische Geschirr ist von einer ganz besonderen Schönheit und konnte mehr oder minder verziert sein.
Die Speisen wurden gekocht, gebraten, geschmort oder im Ofen gebacken.
Wer es sich leisten konnte, ließ die Mahlzeiten von speziell ausgebildeten Küchensklavinnen und -sklaven zubereiten. Auch die Vielfalt der täglichen Tafel war natürlich von der Zahlungskraft des Hausherrn abhängig. Der normale Bürger bzw. die Unterschicht wird sich in der Regel von Brot und Getreideprodukten, also dem klassischen Puls (Getreidebrei) ernährt haben.
Insoweit ist das Apiciuskochbuch natürlich absolut nicht charakteristisch für den antiken Ottonormalverbraucher. Auch die römische Armee, obwohl schon vom Besten versorgt, wird in der Mehrzahl aller Fälle wohl auf die Apiciusküche verzichtet haben müssen.
Man sollte einfach vermeiden in der Materie das absolut exotische zu suchen, man sollte vielmehr die kulinarische Seite der antiken Welt von innen heraus sehen. Für die damaligen Menschen war es alltäglich, die Speisen ihrer Zeit zu sich zu nehmen. Vor allem hat man das gegessen, was auch gut geschmeckt hat. Nur des Überwürzens oder Überkräuterns willen, hat man mit Sicherheit kein Rezept kreiert, um das fertige Produkt anschließend mit Widerwillen zu verzehren. Welche Unlogik! Also muss man davon ausgehen, das selbst die heute tlw. sehr umstrittene Fischsauce (Liquamen) einen entsprechenden Wohlgeschmack erzeugt haben muss, sonst hätte man diese nicht in rauhen Mengen hergestellt. Aber dazu später.

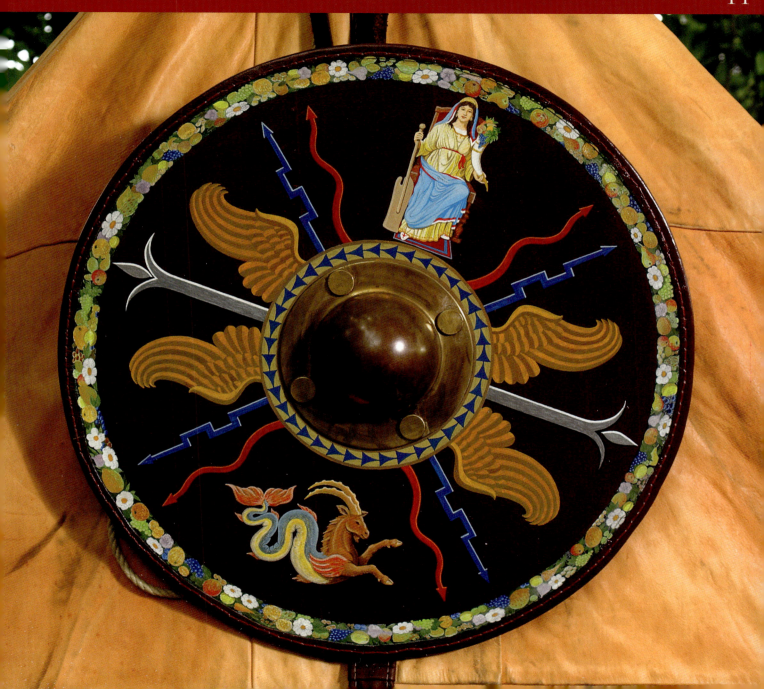

Die Rohstoffe

Gemüse

An Gemüse stand den römischen Köchen an sich schon fast alles zur Verfügung, was wir heute auch noch in unseren Gärten wiederfinden können. Aber wirklich nur fast alles, denn Kartoffeln, Tomaten, Paprika und Co. sind in der damaligen Zeit absolut unbekannt. Diese, aus der modernen Küche nicht mehr wegzudenkenden, sehr bereichernden Gemüsesorten sind aus der neuen Welt im späten Mittelalter zu uns herüber gekommen. Darauf muss man bei römischen Speisen leider verzichten.

Ich möchte hier einen kurzen Überblick über die in einem römischen Gemüsegarten vorhandenen Sorten geben, ohne auf die einzelne Pflanzen im näheren einzugehen.

Weiße und rote Rüben waren ebenso bekannt wie die Steckrübe und der Rettich und ein Vorläufer unserer heutigen Radieschen. Die Karotte und die Pastinake wurden in einer Vorform unseres heutigen Gemüses verzehrt.
Die Zwiebel und der Knoblauch spielten damals in der römischen Küche eine so entscheidende Rolle, dass sie nicht nur als Gewürz, sondern vielmehr als eigenes Gericht verwendet wurden, obwohl Apicius den Knoblauch so gut wie nicht erwähnt. Auch Spargel wurde, in einer dem heutigen ähnlichen Form, schon angebaut. Von größter Bedeutung war das Kohlgemüse, das neben einem Armeleuteessen sogar bei Apicius seine Erwähnung findet. Auch Artischocken im wilden Sinne wurden bei den Feinschmeckern geschätzt.
Einen hohen Stellenwert genießen alle Arten von Salaten, die als Feldkräuter, als Zichorien- oder als Endiviensalat zubereitet wurden. Ebenso Fenchel und Lauch wurden sowohl als Salat, als auch als Gemüse geschätzt. Weiterhin zu nennen wären der Spinat, die noch jungen grünen Schoten (in Ermangelung solcher einfach grüne Bohnen verwenden) und die frischen Früchte der Feldbohne (auch Saubohne genannt), frische Erbsen, sowie Gurken und Kürbisse, die auf alle möglichen Arten verzehrt wurden. Der Sellerie in der damals bekannten Form hatte wohl eher als Gewürz eine Bedeutung, da er als halbwilde Pflanze einen sehr scharfen Geschmack hatte.
Eine weitaus größere Rolle bei der Ernährung der Bevölkerung spielten in erster Linie reife, getrocknete Samen von verschiedenen Gemüsearten, zusammenfassend einfach Hülsenfrüchte genannt. Dazu zählen die Linsen, die grünen und gelben Erbsen, Kichererbsen, ebenso wie die dicken Bohnen. Diese Hülsenfrüchte wurden ganz, aber ebenso geschrotet oder zu Mehl gemahlen in der röm. Küche verwendet.
Pilze und Trüffel in Form von Wiesen- und Waldpilzen wurden sehr gerne gekocht, als Beilagen gereicht. Der römische Kaiser Claudius hatte beispielsweise ein Faible für leckere Pilzgerichte, was letztendlich zu seinem Verhängnis wurde.

Getreide

Das Getreide hatte bei der Versorgung der antiken Bevölkerung eine immense Bedeutung. Als Stärke- und Kohlenhydratelieferant war es die unabdingbare Grundlage der Ernährung. In erster Linie wurden Getreideprodukte in Form von Brot und Brei (Puls), von der archaischen Zeit an, von der Basis der Einwohner Roms verzehrt. Diese Getreideprodukte waren einfach die Grundnahrungsmittel, auf denen alles andere aufbaute. Die Leckereien eines Apicius konnte sich der einfache Bürger eh nicht leisten, dementsprechend werden Getreideprodukte im reinsten Sinne sehr selten Bestandteil der "Haute Cuisine" gewesen sein. Hier ein kurzer Überblick über die damals wichtigsten Getreidesorten.

Die wichtigsten damals bekannten Getreidearten waren neben der schon relativ früh angebauten Gerste der Saatweizen, der Emmer, das Einkorn, der Roggen, die Hirse, der Dinkel und der Hafer, um nur die bedeutendsten zu nennen. Reis wurde in den östlichen Provinzen angebaut, spielte jedoch nur als Bindemittel in der Küche eine Rolle. Alle Getreidearten wurden je nach Verwendungszweck mehr oder weniger fein gemahlen und zu Brot, Backwaren oder Brei verarbeitet. Im Kochbuch des Apicius spielt das Getreide eine eher untergeordnete Rolle. Als Brotbeilage zu verschiedenen Gerichten jedoch ist es mit Sicherheit sehr bereichernd.

Früchte

Die Römer pflegten schon einen ausgiebigen Obstanbau, der eine für die damaligen Verhältnisse schon enorme Vielfalt hervorbrachte. Fast alle Obstsorten, die wir heute kennen, sind durch die Römer damals hier zu uns gekommen und sind überwiegend Vorläufer unserer heutigen Tafelobstsorten. Vor allem die Weinrebe hat uns die römische Kultur hinterlassen, ohne die eine moderne Weinkultur nicht denkbar wäre.

An Früchten waren bekannt die Feige, die Birne, der Apfel, natürlich die Weintraube, die Pflaume, die Quitte, der Pfirsich, die Aprikose, die Kirsche, die Melone und die Dattel. Wilde Brombeeren, Himbeeren, Holunder etc. wurden in den Wäldern gesammelt und durchaus auch zu Sirup verarbeitet. Diese antiken Früchte sind natürlich nicht im entferntesten mit unserem heutigen hochgezüchteten Tafelobst zu vergleichen.

Nüsse und Trockenfrüchte

Verwendet wurden Kastanien, Walnüsse, Haselnüsse, Mandeln, Pinienkerne und Pistazien. In gemahlener Form, aber auch ganz waren diese Sorten überaus beliebt.

Fisch

Alle Arten von Salz- und Süßwasserfischen gingen den Fischern der Römer ins Netz. Die Vielfalt in den Gewässern war in der damaligen Zeit ebenso beliebt wie schmackhaft. Eine große Rolle bei den Feinschmeckern spielten Schalentiere und Mollusken, aber auch Krustentiere, wie Hummer oder Krabben standen auf dem Speiseplan der feinen Gesellschaft.

Fleisch und Geflügel

Fleisch ist bei den Römern ein nicht wegzudenkender Bestandteil der Ernährung. Es wurde in Form von erlegten Wildtieren und von gezüchteten Haustieren verzehrt. Bei der Wildkomponente wurde so ziemlich alles verwendet, was sich in Wald und Flur tummelte. Im häuslichen Bereich beschränkte sich die Nutzung in erster Linie auf Schweine-, Schaf- und Ziegenfleisch. Rindfleisch war weit weniger begehrt, da die Rinder zur Feldarbeit herangezogen wurden und deswegen eher nicht oder sehr spät geschlachtet wurden. Geflügel wurde zur damaligen Zeit in allen Varianten gezüchtet, so dass neben Hühnern und Gänsen auch Enten und Tauben auf dem Speiseplan standen, um nur die bedeutendsten zu nennen..

Eier und Milchprodukte

An Eiern wurden Hühner-, Gänse-, Enten-, Tauben-, Fasanen- und Rebhuhneier verzehrt. Sie wurden zu allen erdenklichen Gerichten verarbeitet oder als Bindemittel in der Küche verwendet.

Milchprodukte wurden in erster Linie aus Schafs- und Ziegenmilch gewonnen. Die Milch wurde frisch verwendet oder zu Käse verarbeitet. Butter war nicht sonderlich bekannt und wurde lediglich zu medizinischen Zwecken verwendet. Kuhmilch galt als wenig nahrhaft und wurde für die Ernährung der Kälber gebraucht. Eine Milchwirtschaft mit Kuhmilch im heutigen Sinne hat es damals so nicht gegeben.

Getränke

An Getränken verwendete man zunächst Wasser, das allerdings auch zum Verdünnen des Weines benutzt wurde, da es als unschicklich galt, Wein unverdünnt zu trinken. Eben dieser Wein war in der Antike sehr vielfältig und von sehr trocken bis süß waren alle Variationen zu bekommen. Eine besondere Art des Weines ist das Passum, ein Rosinenwein, der aus in der Sonne getrockneten

Trauben, die in edlen Wein eingelegt werden, gepresst wird. Plinius der Ältere beschreibt dieses Verfahren auf zweierlei Arten. Dieses Passum wird bei Apicius in vielen Gerichten als Süßungsmittel verwendet. Die Herstellung ist recht einfach und das Endprodukt lässt sich mühelos über mehrere Wochen im Kühlschrank aufbewahren. Als Ersatz kann jedoch auch Süßwein im Sinne von Portwein oder Trockenbeerenauslese verwendet werden. Eine weitere Art von Süßungsmittel sind die aus Traubenmost eingekochten Mostsirupe. Je nach Einkochgrad handelt es sich dabei um Sapa (1/3 oder 1/2), Defritum (1/3 oder 1/2) oder Caroenum (1/3). Als Ersatz für diese Mostsirupe lässt sich ein eingekochter Traubensirup, den man im türkischen Laden kaufen kann, sehr gut verwenden, notfalls auch normaler Traubensaft.

Einen sehr schmackhaften Apéritif erhält man bei der Herstellung von Mulsum bzw. Conditum Paradoxum, ein mit Honig aufgekochter und gewürzter trockener Wein (siehe Rezeptteil).

In den Nordprovinzen gab es sicherlich auch einen erheblichen Bierkonsum, wie 2 Grabsteine aus Mainz und Trier von 2 "Bierhändlern" belegen. Die Kunst des Bierbrauens ist ja seit der Frühzeit schon bekannt und deshalb werden die Römer dieses Getränk von den Kelten und Germanen zu schätzen gewusst haben.

Herstellung von Passum:

Zutaten:
200 ml Rotwein
      (je nach Süßungsgrad mehr oder weniger)
100 g   Rosinen o. Sultaninen

Die Rosinen oder Sultaninen im Rotwein einweichen und mindestens 3 - 4 Tage ziehen lassen. Dann das Ganze pürieren und im Kühlschrank aufbewahren.

Öl und Fette

In großem Maße wurde das weitverbreitete Olivenöl als Fettkomponente verwendet, die man für die Ernährung und die Küche brauchte. Der Einsatz von tierischen Fetten gilt als gesichert, beschränkt sich mit Sicherheit jedoch auf Schweinefett oder -schmalz. Das Oleum gab es in verschiedenen Qualitätsstufen, die je nach Reifegrad und Gehalt der Oliven variierten. Es gehört zu den meist gebrauchten Zutaten in der römischen Küche.

Honig

Honig war in der Antike das Süßungsmittel schlechthin. Da es ja Kristallzucker nicht gab, blieb den römischen Köchen ja nichts anderes übrig als intensivste Süße den Honig (Mel) zu verwenden. Honig hat in der heutigen Zeit einen ganz entscheidenden Vorteil gegenüber Zucker; Honig

hat je nach Konsistenz und Herkunft neben der Süßkraft ein ganz besonderes individuelles Aroma, welches die Speisen im Vergleich zu Zucker ganz entscheidend aufwertet.

Gewürze

Die Gewürze nehmen in der römischen Küche einen entscheidenden Stellenwert ein, sind sie doch das sog. Salz in der Suppe. Anhand der Dosierung verschiedenster Gewürze und Gewürzflüssigkeiten konnte man den Gerichten eine ganz spezielle Note verleihen.
Beginnen wir zunächst mit dem einfachsten Gewürz, dem Salz. Das Salz wurde in Italien, wo kein Ort mehr als 100 km vom Meer entfernt ist, in Meerwassersalinen gewonnen und in die besiedelten Gebiete transportiert. Doch auch Steinsalz wurde in verschiedenen Gebieten bereits abgebaut. Salz wurde aber nicht nur zum Würzen in der Küche verwendet, sondern vor allem auch zum Haltbarmachen von Fisch und Fleisch eingesetzt. Das Pökeln dieser Produkte war allgemein bekannt.

Essig, der aus Wein gewonnen wurde, war in den Gebieten des Weinbaus in rauhen Mengen vorhanden, da die Weinwirtschaft noch relativ am Anfang stand und Essig somit als Nebenprodukt abfiel. Essig stellt in der römischen Küche die saure Komponente, die durchaus beim Abschmecken der Gerichte eine entscheidende Rolle spielte.

Wein im reinsten Sinne wurde natürlich auch als Gewürz verwendet, als Rot- oder Weißwein um den Speisen einen "weinwürzigen Geschmack" zu verleihen

Liquamen (Fischsauce)

Das Liquamen, in früherer Zeit auch Garum genannt, ist der Maggi der Römerzeit.
Die sog. Fischlake wurde mittels eines Fermentierungsprozesses, je nach Qualitätsstufe, aus in Fässern oder großen Becken eingesalzenen Fischen oder Fischresten hergestellt. Dabei beließ man die Eingeweide der Fische in der Masse, die Materie verdaute sich über mehrere Monate in der Sonne förmlich selber. Das Ergebnis war eine sehr salzige, klare, bräunlich-gelbliche Soße mit einem ganz leichten Fischeinschlag, die mittels Sieben abgeschöpft und zum Würzen in der Küche verwendet wurde. Wie das Original geschmeckt hat, ist nicht bekannt, man weiß jedoch, dass diese "Brühe" im gesamten römischen Imperium im Einsatz war und in rauhen Mengen verzehrt wurde. Sogar in Süßspeisen wurde das Liquamen als Salzkomponente verwendet.
Man könnte sehr wohl das Liquamen selbst herstellen, ich denke, das sollte man sich jedoch vorher gründlich überlegen, da gewisse Emissionen bzw. "Fehlbrände" sich durchaus nicht vermeiden lassen.

Fernöstliche Fischsauce ist vom Herstellungsverfahren her fast identisch und kann problemlos als Ersatz eingesetzt werden. Man bekommt sie in Asia-Shops, durchaus aber mittlerweile auch bei verschiedenen Discountern im Rahmen von „Asia-Wochen." Meine Empfehlung wäre hier thailändische oder chinesische Fischsauce als Ersatz zu verwenden.

Kräuter und Gewürze

Kräuter und Gewürze wurden in der römischen Küche in einer enormen Vielfalt eingesetzt und zum Verfeinern der Speisen benutzt. Angefangen beim Pfeffer, über den Koriandersamen, bis hin zu frischem grünen Koriander und der feingliedrigen Weinraute wurde nichts unversucht gelassen, einen gehörigen Gaumenkitzel zu produzieren. Die wichtigsten Kräuter und Gewürze waren:

- Selleriegrün und Selleriesamen
- Koriandergrün und Koriandersamen
- schwarzer und weißer Pfeffer
- Kreuzkümmelsamen (Cumin)
- Kümmelsamen
- Dill als Grün und als Samen
- Bohnenkraut
- Liebstöckel (Maggikraut)
- Weinraute
- Minze und Poleiminze
- Fenchelgrün und Fenchelsamen
- Oregano
- Petersilie
- Lauchzwiebeln
- Gewürznelken
- Zimt

Die Weinraute ist eine winterharte Staude und wie ich aus Erfahrung weiß, heute weitgehend unbekannt. Man kann sie jedoch in fast allen Gartenbaubetrieben in kleinen Containern erwerben und problemlos im Garten anpflanzen.

Ein sehr exotisches Gewürz, das in der römischen Zeit zumindest in der gehobenen Küche im Einsatz und mit Sicherheit sehr teuer war, war das Silphium oder Laserpicium. Hierbei handelte es sich um ein Steckenkraut aus Kleinasien das dem heutigen Teufelsdreck sehr ähnlich ist. Man kann es heute in Form von einer Tinktur in der Apotheke unter dem Namen Asa foetida erwerben. Der Einsatz ist jedoch nicht ganz unproblematisch, da ein einziger Tropfen genügt, um einen Topf voll Suppe zu verderben. Das Silphium hatte wohl einen leicht schwefelartigen Einschlag der beim Kochen in einen zwiebel- und knoblauchartigen Geschmack umschlägt. Was liegt näher, die ganze Geschichte durch Schalotten und Knoblauch zu ersetzen.

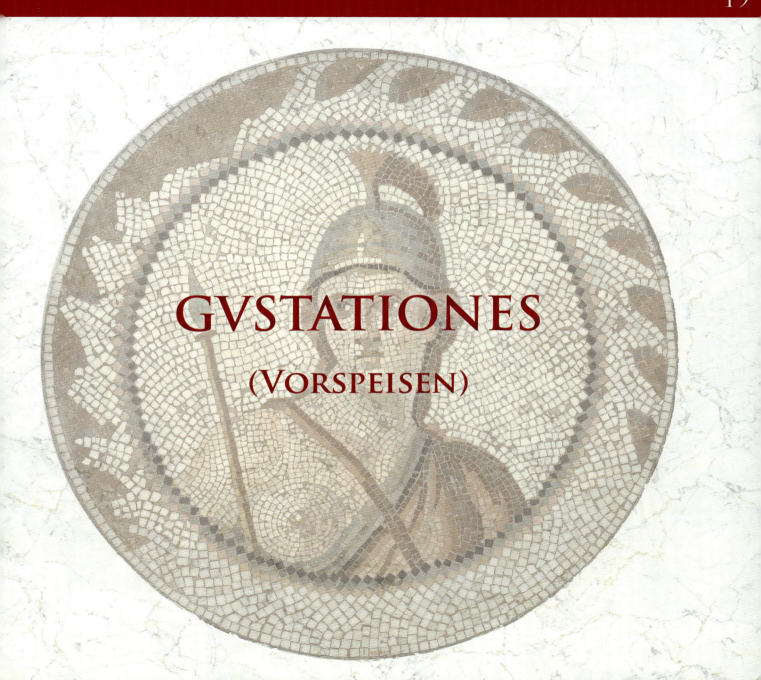

GVSTATIONES

(Vorspeisen)

I. MORETVM

(Käse-Knoblauch-Kräuter Paste)
Appendix Vergiliana (Vergil)

Für 4 Personen:

500 g Feta-Käse
4 - 5 Knoblauchzehen
2 - 3 Stengel Selleriegrün
1/2 Bund frischer Koriander
1 - 2 Ästchen frische Weinraute
Olivenöl, Weinessig
Salz, schwarzer Pfeffer aus der Mühle

Zubereitung:

Den Feta-Käse mit der Reibe zerkleinern oder wolfen. Das Selleriegrün, den frischen Koriander und die Weinraute zusammen mit dem Knoblauch und einem Teil des Olivenöls mit dem Pürierstab fein zerkleinern, das Ganze mit dem Käse mischen und unter Zugabe von Olivenöl und Weinessig zu einer streichfähigen Masse zerstampfen. Mit Salz, Pfeffer und Weinessig abschmecken. Mindestens 1 Tag im Kühlschrank ziehen lassen.

21

II. OVA ELIXA
(Gefüllte hart gekochte Eier)
Apicius VII, 19, 2

Für 4 Personen:

4 hart gekochte Eier
Olivenöl
Weinessig
schwarzer Pfeffer und Koriandersamen
  aus der Mühle
Honig
Liquamen (thailändische Fischsauce)

Zubereitung:

Die hart gekochten Eier halbieren, die Dotter mit den übrigen Zutaten zu einer cremigen Masse verarbeiten und in die Eihälften einfüllen.

III. IN OVIS APALIS
(Gekochte Eier mit Pinienkernsauce)
Apicius VII, 19, 3

Für 4 Personen:

4 hart gekochte Eier
1 Handvoll Pinienkerne
schwarzer Pfeffer und Koriandersamen
  aus der Mühle
Honig
Weinessig
Liquamen (thailändische Fischsauce)

Zubereitung:

Die hart gekochten Eier halbieren und die Pinienkerne in einem Mörser fein zerreiben. Honig, Weinessig und Liquamen zugeben und ein sämige Sauce herstellen. Mit Pfeffer und Koriander abschmecken und über die Eihälften gießen.

IV. ALITER CVCVMERES

(Gurkensalat auf andere Art)
Apicius, III, 6, 3

Für 4 Personen:

1 Salatgurke
1/2 Schalotte
2 Ästchen Petersilie
2 Blättchen Minze
Honig oder Passum (Rosinenwein)
Liquamen (thailändische Fischsauce)
Weinessig, Olivenöl, etwas Wasser
schwarzer Pfeffer und Koriandersamen
aus der Mühle

Zubereitung:

Die Salatgurke in dünne Scheiben schneiden und die Kräuter und die Schalotte fein hacken. Mit Wasser, Honig (Passum), Liquamen, Weinessig, und Olivenöl eine Salatsauce herstellen, die Kräuter zugeben und über die Gurkenscheiben gießen. Mit Pfeffer und Koriander abschmecken und etwas ziehen lassen.

V. IN TVBA EX LIQVAMINE

(Endiviensalat mit Liquamen)
Apicius III, 18, 1

Für 4 Personen:

1 Kopf Endiviensalat
1/2 Zwiebel
50 ml trockener Weißwein
Honig, Weinessig, Olivenöl, etwas Wasser
Liquamen (thailändische Fischsauce)

Zubereitung:

Den Salatkopf putzen und in kleine Streifen schneiden. Die Zwiebel fein hacken und mit dem Salat mischen. Aus Wasser, Wein, Liquamen, Honig, Weinessig und Olivenöl eine Salatsauce herstellen. Über den geschnittenen Endiviensalat gießen und kurz ziehen lassen.

VI. ALITER PATINA ASPARAGIS

(Spargelauflauf auf andere Art)
Apicius IV, 2, 6

Für 4 Personen:

500 g frische Spargelabschnitte (alternativ Spargel aus der Dose)
1 Ästchen Liebstöckel
2 - 3 Ästchen frischer Koriander
1 Ästchen Bohnenkraut
1/2 Zwiebel
50 ml halbtr. Weißwein
4 Eier
Salz, schwarzer Pfeffer aus der Mühle
Liquamen (thailändische Fischsauce)
Olivenöl

Zubereitung:
Die Spargelabschnitte in Salzwasser weich kochen und abgießen. Mit dem Wein aufgießen und pürieren. Die Zwiebel und die Kräuter fein hacken und zusammen mit Pfeffer und Liquamen in die Spargelmasse einrühren. Die Eier mit dem Mixer aufquirlen und unterheben. Das Ganze in eine mit Olivenöl gefettete Auflaufform füllen und bei ca. 150 Grad im Backofen stocken lassen. Mit schwarzem Pfeffer bestreuen und servieren.

VII. PATINA PISCICVLIS

(Auflauf von kleinen Fischen)
Apicius IV, 2, 30

Für 4 Personen:

500 g frische Sardinen
1/2 Zwiebel
je ein Ästchen Liebstöckel und Oregano
20 g Rosinen
50 ml halbtr. Weißwein
Salz, schwarzer Pfeffer aus der Mühle
Liquamen (thailändische Fischsauce)
Olivenöl
etwas Mehl zum Binden

Zubereitung:

Die Sardinen mit Salz und Pfeffer würzen, in Olivenöl goldgelb anbraten und in eine mit Olivenöl gefettete Auflaufform geben. Die Zwiebel und die Kräuter fein hacken und mit Wein, Liquamen und Rosinen mischen. Die Sauce über die Fische geben mit Pfeffer würzen und die Form mit einer Alufolie abdecken. Bei 150 Grad ca. eine halbe Stunde im Backofen garen. Den Sud mit Stärkemehl oder Mehl binden und servieren.

VIII. GVSTVM DE BVLBOS

(Vorspeise von Zwiebeln)
Apicius IV, 5, 2

Für 4 Personen:

4 mittlere Zwiebeln
500 g Schweineleber
1 Ästchen Liebstöckel
50 ml halbtr. Wein
20 ml Passum (Rosinenwein)
schwarzer Pfeffer und Koriandersamen
  aus der Mühle
Salz, Olivenöl
Liquamen (thailändische Fischsauce)
etwas Mehl zum Binden

Zubereitung:

Die Schweineleber mit Salz, Pfeffer und Koriander würzen und in einer Pfanne in Olivenöl braten. Die Zwiebeln und den Liebstöckel klein schneiden und in Olivenöl anschwitzen, den Wein und Liquamen dazugeben und alles weich dünsten. Die gebratene Leber beigeben und nochmals aufkochen. Mit Pfeffer, Liquamen und Passum abschmecken. Mit Mehl binden und servieren.

IX. GVSTVM DE PRAECOQVIIS

(Vorspeise von Aprikosen)
Apicius IV, 5, 4

Für 4 Personen:

500 g feste, reife Aprikosen
4 Blättchen Minze
50 ml halbtr. Wein
50 ml Passum (Rosinenwein)
Weinessig und Olivenöl
1 EL Honig
schwarzer Pfeffer aus der Mühle
Liquamen (thailändische Fischsauce)

Zubereitung:

Die Aprikosen mit den übrigen Zutaten zusammen weich kochen und mit Stärkemehl oder Mehl binden. Mit schwarzem Pfeffer bestreuen und servieren.

X. LENTICVLAM DE CASTANEIS

(Linsen mit Kastanien)
Apicius V, 2, 2

Für 4 Personen:

250 g Linsen
200 g gekochte Maronen
1 Ästchen frischer Koriander
1 Ästchen Weinraute
2 Blättchen Minze
1 Messerspitze gemahlenen Kreuzkümmel
Weinessig, Olivenöl
2 EL Honig
Salz, schwarzer Pfeffer aus der Mühle
Liquamen (thailändische Fischsauce)

Zubereitung:

Die Linsen in Salzwasser mit einem Schuss Olivenöl weich kochen, abgießen und die klein gehackten Maronen zugeben. Die Kräuter fein hacken und ebenfalls zugeben. Nochmals aufkochen lassen und mit Essig, Honig Liquamen, Kreuzkümmel und Pfeffer abschmecken.

39

XI. PATINA DE CVCVRBITAS

(Auflauf von Kürbissen)
Apicius IV, 2, 10

Für 4 Personen:

2 mittlere Zucchini
Olivenöl, Salz
schwarzer Pfeffer und Koriander
  aus der Mühle

Zubereitung:

Die Zucchini in Scheiben schneiden und in der Pfanne in Olivenöl goldbraun dünsten. Mit Salz, Koriander und Pfeffer würzen. Anschließend mit Olivenöl beträufeln und nebenstehende Sauce darüber gießen. Einmal aufkochen lassen und sofort servieren.

XII. ALITER CVMINATVM

(Kreuzkümmelsauce auf andere Art)
Apicius I, 29, 2

2 Ästchen Petersilie
1 Ästchen Liebstöckel
2 Blättchen Minze
1 EL Honig
2 EL Liquamen (thailändische Fischsauce)
1 EL Weinessig
3 Msp. gemahlenen Kreuzkümmel
schwarzer Pfeffer aus der Mühle
3 EL Wasser

Zubereitung:

Die Kräuter fein hacken und mit den übrigen Zutaten zu einer Sauce verarbeiten, mit schwarzem Pfeffer abschmecken.

XIII. ESICIA DE TVRSIONE

(Thunfischfrikadellen)
Apicius IV, 2, 18

Für 4 Personen:

500 g frischen Thunfisch
2 Ästchen Liebstöckel
2 Ästchen Oregano
1/2 Bund Petersilie
1/2 Bund frischer Koriander
3 Blättchen Minze
2 Knoblauchzehen
1 Zwiebel
20 ml Weißwein
Olivenöl, Honig, Weinessig
Liquamen (thailändische Fischsauce)
schwarzer Pfeffer aus der Mühle
1 Messerspitze fein zerstoßener
   Kreuzkümmel
etwas Salz
1 Ei
etwas Mehl zum Binden

Zubereitung:

Den Thunfisch mit einer halben Zwiebel und einer Knoblauchzehe wolfen bzw. ganz fein hacken. Die Kräuter (nur 3/4 des Liebstöckels) ebenfalls ganz fein hacken. Zusammen mit dem Ei gut durchkneten, leicht salzen und pfeffern und handliche Frikadellen daraus formen. In leichtem Salzwasser, dem ein Schuss Weißwein, Liquamen und Olivenöl zugegeben wurde, gar kochen. Die Frikadellen aus dem Sud nehmen und in einer Auflaufform im Backofen bei 80 Grad heiß halten. Die restliche halbe Zwiebel und Knoblauchzehe fein hacken und zusammen mit dem restlichen Liebstöckel in Olivenöl andünsten. Mit Kochsud aufgießen, mit Liquamen, Weinessig und Honig abschmecken und mit Mehl abbinden. Die Frikadellen aus dem Ofen nehmen, mit der Sauce übergießen, mit schwarzem Pfeffer bestreuen und servieren.

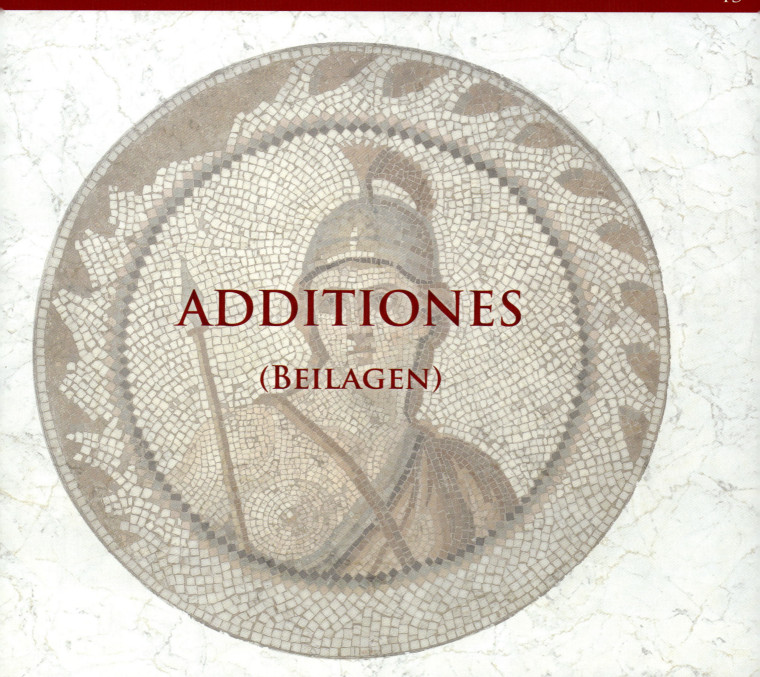

ADDITIONES
(Beilagen)

I. BETAS MINVTAS ET PORROS
(Rote Beete mit Lauch)
Apicius III, 2, 1

Für 4 Personen:

2 Rote Beete
1 Stange Lauch
Passum (Rosinenwein)
schwarzer Pfeffer aus der Mühle
1 Msp. Kreuzkümmel
Liquamen (thailändische Fischsauce)
etwas Salz
Mehl zum Binden

Zubereitung:

Die Roten Beete waschen, putzen und in Scheiben schneiden. Zusammen mit dem Lauch in wenig Salzwasser weich kochen. Mit Liquamen, Passum, Kreuzkümmel und Pfeffer abschmecken und mit Mehl binden.

II. PISVM INDICVM
(Erbsen auf indische Art)
Apicius V, 3, 3

Für 4 Personen:

500 g frische grüne Erbsen
1/2 Stange Lauch
3 Ästchen frischer Koriander
100 g frischer Tintenfisch
50 ml Weißwein
2 Ästchen Liebstöckel
1 Ästchen Oregano
1 Msp. gemahlenen Kreuzkümmel
schwarzer Pfeffer aus der Mühle
Liquamen (thailändische Fischsauce)
Olivenöl, Passum (Rosinenwein)
etwas Salz

Zubereitung:
Die Erbsen in Salzwasser aufkochen, den fein gehackten Koriander, den klein geschnittenen Lauch und Tintenfisch, die Hälfte des Weines, sowie je einen Schuss Olivenöl und Liquamen zugeben und garen lassen. Abgießen, einen Teil des Sudes mit fein gehacktem Liebstöckel und Oregano, Kreuzkümmel und Pfeffer nochmals aufkochen. Mit dem restlichen Wein und Passum abschmecken, die Erbsen zugeben und mit Pfeffer bestreuen.

III. PISVM VITELLIANAM SIVE FABAM

(Erbsen oder Bohnen à la Vitellius)
Apicius V, 3, 5

Für 4 Personen:

500 g frische Erbsen (dicke Bohnen)
2 Ästchen frischer Liebstöckel
2 hart gekochte Eidotter
2 Esslöffel Honig
50 ml Weißwein
1 Msp. Ingwer
Weinessig, Olivenöl
Salz, schwarzer Pfeffer aus der Mühle
Liquamen (thailändische Fischsauce)

Zubereitung:

Die Erbsen oder Bohnen in Salzwasser mit einem Schuss Olivenöl gar kochen, abgießen und warm stellen. Einen Teil des Kochsudes mit den Eidottern, dem fein gehackten Liebstöckel, dem Ingwer und dem Wein nochmals aufkochen. Mit Honig, Essig, Pfeffer und Liqamen abschmecken und über die Erbsen oder Bohnen gießen.

IV. CONCICLA

(Bohnentopf)
Apicius V, 4, 1

Für 4 Personen:

500 g frische dicke Bohnen
2 Ästchen frischer Koriander
1 Ästchen frischer Liebstöckel
1 Msp. gem. Kreuzkümmel
50 ml Weißwein
Liquamen (thailändische Fischsauce),
Olivenöl, Salz

Zubereitung:

Die dicken Bohnen in Salzwasser mit einem Schuss Olivenöl gar kochen, abgießen und warm stellen. Einen Teil des Kochsudes mit dem fein gehackten Liebstöckel und frischem Koriander und mit dem Wein aufkochen. Mit Kreuzkümmel, Pfeffer und Liquamen abschmecken und mit den Bohnen servieren.

V. CONCICLA COMMODIANA

(Bohnentopf à la Commodus)
Apicius V, 4, 4

Für 4 Personen:

500 g frische dicke Bohnen
1 Ästchen frischer Liebstöckel
1 Ästchen frischer Dill
1/2 Zwiebel
4 rohe Eier
50 ml Weißwein
schwarzer Pfeffer aus der Mühle
Salz, Liquamen (thailändische Fischsauce)

Zubereitung:

Die dicken Bohnen in Salzwasser mit einem Schuss Olivenöl 3/4 gar kochen. Die Zwiebel, den Liebstöckel fein hacken, zugeben und das ganze gar kochen. Den fein gehackten Dill und den Wein zugeben, die vier Eier aufschlagen, unterheben und nochmals aufkochen lassen. Mit Pfeffer und Liquamen abschmecken.

VI. ALITER TISANAM

(Gerstengrütze auf andere Art)
Apicius V, 5, 2

Für 4 Personen:

100 g getr. Kichererbsen
100 g getr. grüne Erbsen
100 g Linsen
100 g Gerstengrütze
100 g gekochter Weißkohl
1/2 Stange Lauch
1 Ästchen frischer Liebstöckel
1 Ästchen frischer Koriander
1 Ästchen frischer Dill
1 Ästchen frischer Oregano
2 Msp. gemahlener Fenchelsamen
Liquamen (thailändische Fischsauce),
Olivenöl, Salz

Zubereitung:
Die Kichererbsen, Linsen, die grünen Erbsen und die Gerstengrütze mit einem Schuss Olivenöl in Salzwasser gar kochen. Den Lauch in Scheiben schneiden, die Kräuter fein hacken und mit dem Fenchelsamen und dem Weißkohl zugeben und nochmals aufkochen lassen. Mit Liquamen abschmecken.

VII. BVLBOS

(Gemüsezwiebeln)
Apicius VII, 14, 1

Für 4 Personen:

4 mittlere Zwiebeln
Liquamen (thailändische Fischsauce)
Weinessig
1 Msp. gemahlenen Kreuzkümmel
Olivenöl

Zubereitung:

Die Zwiebeln in Ringe schneiden und kurz in Olivenöl anschwitzen. Mit Liquamen und Essig abschmecken und mit Kreuzkümmel bestreuen.

VIII. ALITER BVLBOS

(Gemüsezwiebeln auf eine andere Art)
Apicius VII, 14, 2

Für 4 Personen:

4 mittlere Gemüsezwiebeln
1 Ästchen Thymian
1 Ästchen Oregano
1 Ästchen Poleiminze
Honig, Weinessig
schwarzer Pfeffer aus der Mühle
Liquamen (thailändische Fischsauce)
etwas Salz

Zubereitung:

Die Zwiebeln in Ringe schneiden und in Salzwasser knackig kochen. Anschließend in Olivenöl zusammen mit den fein gehackten Kräutern etwas schmoren lassen. Mit Honig, Essig und Liquamen abschmecken. Mit Pfeffer bestreuen und servieren.

IX. PORROS

(Lauch)
Apicius III, 10, 1

Für 4 Personen:

2 Stangen Lauch
50 ml lieblicher Weißwein
Olivenöl
Liquamen (thailändische Fischsauce)
etwas Salz

Zubereitung:

Den gewaschenen Lauch in 5 cm lange Stücke schneiden und in Salzwasser mit einem Schuss Olivenöl knackig kochen. Mit etwas Kochsud, Olivenöl, Liquamen und dem lieblichen Wein eine Sauce anrühren und über den gekochten Lauch gießen.

X. ALITER PORROS
(Lauch auf eine andere Art)
(Autor)

Für 4 Personen:

2 Stangen Lauch
Salz, Pfeffer und Koriander aus der Mühle
Liquamen (thailändische Fischsauce)
50 ml trockener Weißwein
1 EL Honig
Olivenöl

Zubereitung:

Den gewaschenen Lauch in Scheiben schneiden und in Salzwasser mit einem Schuss Olivenöl knackig kochen. Aus Olivenöl, Pfeffer, Koriander u. Wein eine Marinade bereiten. Mit Honig u. Liquamen abschmecken und über den Lauch träufeln.

XI. BOLETOS FVNGOS

(Frische Champignons)
Apicius VII, 15, 4

Für 4 Personen:

500 g frische Champignons
1 Knoblauchzehe
1 Schalotte
1 Ästchen frischer Liebstöckel
2 Ästchen frischer Koriander
2 TL Honig
Salz, schwarzer Pfeffer aus der Mühle
Liquamen (thailändische Fischsauce)
Olivenöl
Mehl zum Binden

Zubereitung:

Die frischen Champignons in Scheiben schneiden. Den Knoblauch, die Schalotte und die Kräuter fein hacken und zusammen mit den Pilzen in reichlich Olivenöl andünsten. Leicht salzen u. pfeffern. Vor dem Servieren mit Honig, Liquamen und Pfeffer abschmecken und mit Mehl binden.

XII. FABACIAE VIRIDES

(Grüne Bohnen)
Apicius V, 6, 1

Für 4 Personen:

500 g frische, grüne Bohnen
1/2 Stange Lauch
2 Ästchen frischer Koriander
1 Ästchen frisches Bohnenkraut
1 Msp. gem. Kreuzkümmel
Olivenöl
schwarzer Pfeffer aus der Mühle
Liquamen (thailändische Fischsauce)

Zubereitung:

Die grünen Bohnen in Salzwasser mit 1 Schuss Olivenöl gar kochen. Den fein geschnittenen Lauch in Olivenöl anschmoren und mit Liquamen, fein gehacktem Koriander und Bohnenkraut, dem Kreuzkümmel und Pfeffer eine warme Sauce zubereiten, mit den Bohnen mischen und kurz ziehen lassen.

MENSAE PRIMAE
(Hauptgerichte)

I. ESICIA DE PORCINVS

(Frikadellen vom Schwein)
Apicius II, 1, 7

Für 4 Personen:

800 g Schweinehackfleisch
1 trockenes Brötchen
1 Handvoll Pinienkerne
20 schwarze Pfefferkörner
Caroenum (Traubenmostsirup)
Salz, schwarzer Pfeffer aus der Mühle
Liquamen (thailändische Fischsauce)
etwas Weißwein

Zubereitung:

Das Hackfleisch mit dem in Weißwein eingeweichten Brötchen unter Zugabe von Caroenum, Salz, Pfeffer und Liquamen zu einem Brät verarbeiten und daraus kleine Frikadellen formen. In die Frikadellen mehrere Pinienkerne und schwarze Pfefferkörner hineinstecken und in Olivenöl braten.

II. LVCANICAE

(Lukanische Würstchen bzw. Frikadellen)
Apicius II, 4

Für 4 Personen:

800 g Schweinehackfleisch
2 Ästchen frische Weinraute
2 Ästchen frisches Bohnenkraut
1 Bund frische Petersilie
3 Msp. gem. Kreuzkümmel
20 schwarze Pfefferkörner
1 Handvoll Pinienkerne
Salz, schwarzer Pfeffer aus der Mühle
Liquamen (thailändische Fischsauce)

Zubereitung:

Das Hackfleisch zusammen mit den fein gehackten Kräutern, dem Kreuzkümmel, den Pinienkernen, den ganzen Pfefferkörnern, Liquamen, Salz u. gemahlenem Pfeffer zu einem Brät verarbeiten. Mittelgroße Frikadellen daraus formen und in Olivenöl knusprig braun braten.
Grundsätzlich wurde das Brät der "Lucanicae" in Schweinenetze gehüllt und anschließend geräuchert. In der Folge konnte man dann die "Würstchen" entweder als "Rohesser" verzehren oder gekocht oder gebraten servieren. Um eine relativ schnelle und einfache Alternative zu ermöglichen, sollte man das Brät in Form von Frikadellen zubereiten, was in der Antike durchaus auch üblich gewesen ist.

III. PATINA DE PISCE LVPO

(Auflauf von Seebarsch)
Apicius IV, 2, 32

Für 4 Personen:

800 g Rotbarschfilet
1/2 Bund frische Petersilie
2 Ästchen frische Weinraute
1 Zwiebel
50 ml Passum (Rosinenwein)
Honig, Liquamen (thailändische Fischsauce)
Olivenöl
Salz, schwarzer Pfeffer und Koriander aus der Mühle

Zubereitung:

Die Fischfilets mit Salz, Koriander und Pfeffer würzen und mit Olivenöl in einer feuerfesten Form goldbraun anbraten. Die Kräuter und die Zwiebel fein hacken, mit Passum, Öl, Liquamen und Honig aufrühren, Pfeffer und Kreuzkümmel dazugeben und abschmecken. Anschließend über die Fischfilets gießen und im Backofen bei mittlerer Hitze garen.

IV. MINVTAL TERENTINVM

(Frikassee à la Terenz)
Apicius IV, 3, 2

Für 4 Personen:

800 g Schweinegulasch
1 Stange Lauch
1 Ästchen Liebstöckel
1 Ästchen Oregano
200 ml Gemüsebrühe
schwarzer Pfeffer und Koriander aus der Mühle
Liquamen (thailändische Fischsauce)
Passum (Rosinenwein)
50 ml Weißwein
Mehl zum Binden, Salz

Zubereitung:

Das Fleisch in Olivenöl scharf anbraten. Den Lauch in Scheiben schneiden und mit den fein gehackten Kräutern zum Fleisch geben. Mit Salz, Pfeffer und Koriander würzen. Mit Gemüsebrühe aufgießen und gar kochen. Mit Passum, Liqaumen und Wein abschmecken, mit Pfeffer bestreuen und servieren.

V. MINVTAL MATIANVM

(Frikassee à la Matius)
Apicicus IV, 3, 4

Für 4 Personen:

800 g Schweinegulasch
1 Stange Lauch
1 Ästchen frischer Koriander
3 Blättchen frische Minze
1/2 Schalotte
200 ml Gemüsebrühe
1 Apfel
3 Msp. gem. Kreuzkümmel
Salz, schwarzer Pfeffer und Koriander aus der Mühle
Honig, Weinessig
Liquamen (thailändische Fischsauce)
Defritum (Traubenmostsirup)
Olivenöl
Semmelbrösel zum Binden

Zubereitung:

Lauch in Scheiben schneiden, Koriander fein hacken. Das Gulasch in Öl scharf anbraten, leicht salzen, mit der Gemüsebrühe aufgießen und zusammen mit dem Lauch und dem Koriander mit einem Schuss Liquamen in einem Topf zum Kochen bringen. Wenn das Fleisch halb gar ist, den in Würfel geschnittenen Apfel zugeben und gar kochen. Mit Liquamen, Weinessig, Honig, Minze, Koriander, Pfeffer, Kreuzkümmel und Defritum abschmecken, einmal aufkochen und mit Semmelbrösel binden. Mit Pfeffer bestreuen und servieren.

VI. MINVTAL EX PRAECOQVIS

(Frikassee mit Aprikosen)
Apicius IV, 3, 6

Für 4 Personen:

800 g Schweinegulasch
200 g Aprikosen
1 Ästchen frischen Dill
3 Blättchen frische Minze
100 ml Weißwein
Honig, Weinessig, Liquamen (thailändische Fischsauce), Passum (Rosinenwein)
3 Msp. gem. Kreuzkümmel
Salz, schwarzer Pfeffer und Koriander aus der Mühle
Semmelbrösel zum Binden

Zubereitung:

Das Gulasch in Öl scharf anbraten, salzen und pfeffern und mit Wein ablöschen. Die entsteinten Aprikosen zugeben und mit einem Schuss Liquamen zum Kochen bringen und gar kochen. Den Dill und die Minze fein hacken und zugeben. Mit Pfeffer, Kreuzkümmel, Honig, Liquamen, Passum und Weinessig abschmecken. Mit Semmelbrösel binden, mit Pfeffer bestreuen und servieren.

VII. PVLLVM NVMIDICVM

(Numidisches Huhn)
Apicius VI, 9, 4

Für 4 Personen:

1 Brathähnchen à 1300 g
2 Schalotten
2 Knoblauchzehen
5 frische oder getrocknete Datteln
1 Handvoll Pinienkerne
2 Ästchen frische Weinraute
Honig, Weinessig, Olivenöl
Liquamen (thailändische Fischsauce)
schwarzer Pfeffer u. Koriander aus der Mühle
3 Msp. gemahlener Kreuzkümmel
Mehl zum Binden
etwas Salz

Zubereitung:

Das Brathähnchen in Teile schneiden und mit Salz, Pfeffer und Koriander würzen. Zusammen mit den klein geschnittenen Schalotten und Knoblauch in etwas Olivenöl marinieren. In einem Bräter die Hähnchenteile scharf anbraten und zugedeckt schmoren lassen. Wenn gar, die Teile im Backofen bei 80 - 100 Grad warm halten. Die Marinade zusammen mit der fein gehackten Raute und den klein geschnittenen Datteln zum Bratensud geben und anschmoren. Mit Pfeffer, Koriander, Kreuzkümmel, Essig, Honig und Liquamen abschmecken, kurz aufkochen lassen und mit etwas Mehl binden. Das Fleisch aus dem Ofen nehmen und mit der Sauce begießen, mit Pfeffer bestreuen und servieren.

79

VIII. PVLLVS VARIANVS

(Huhn à la Varius)
Apicius VI, 9, 12

Für 4 Personen:

1 Brathähnchen á 1300 g
50 ml Weißwein
1/2 Stange Lauch
3 Ästchen frischer Koriander
2 Ästchen frisches Bohnenkraut
1 Handvoll Pinienkerne
Salz, schwarzer Pfeffer aus der Mühle
Liquamen (thailändische Fischsauce), Olivenöl
Eiweiß von 2 hart gekochten Eiern

Zubereitung:

Das Hähnchen in Salzwasser mit einem Schuss Liquamen, Olivenöl und dem Wein gar kochen. Die Kräuter und den Lauch zwischendurch zugeben und mitkochen. Die Pinienkerne zerstampfen, mit Pfeffer würzen und mit Liquamen und Kochsud aufgießen. Die gekochten Eiweiße ebenfalls im Mörser zerstampfen und zum Binden in die Sauce geben. Das gekochte Hähnchen auf einer Platte anrichten und mit der Sauce übergießen.

IX. PVLLVM FRONTINIANVM

(Huhn à la Fronto)
Apicius VI, 9, 13

Für 4 Personen:

1 Brathähnchen à 1300 g
1/2 Stange Lauch
3 Ästchen frischer Koriander
2 Ästchen frisches Bohnenkraut
2 Ästchen frischer Dill
100 ml Difritum (Traubenmostsirup)
Salz, schwarzer Pfeffer und Koriander
 aus der Mühle
Olivenöl, Liquamen (thailändische Fischsauce)

Zubereitung:

Das Hähnchen in Teile schneiden, mit Salz, Pfeffer und Koriander würzen, in Öl scharf anbraten und dann im geschlossenen Topf schmoren lassen. Nach der Hälfte der Garzeit die fein gehackten Kräuter und den klein geschnittenen Lauch zugeben und garen lassen. Eine Servierplatte im Ofen erwärmen, mit dem Traubenmostsirup bestreichen, die Hähnchenteile darauf legen und mit dem Bratensaft übergießen. Dann mit Pfeffer bestreuen und servieren.

X. OFELLAS OSTIENSES

(Braten auf Ostienser Art)
Apicius VII, 4, 1

Für 4 Personen:

1 kg Schweinekrustenbraten mit ganzer Schwarte
3 Ästchen frischer Liebstöckel
2 Ästchen frischer Dill
4 Lorbeerblätter
2 Schalotten
3 Msp. gemahlener Kreuzkümmel
Salz, schwarzer Pfeffer und Koriander aus der Mühle
Liquamen (thailändische Fischsauce)
50 ml Passum (Rosinenwein)

Zubereitung:

Den Braten auf der Fleischseite karreeförmig einschneiden ohne die Schwarte anzuritzen. Auf der Fleischseite mit Salz, Pfeffer und Koriander würzen. Aus Liquamen, Pfeffer, dem fein gehackten Liebstöckel, Dill, Lorbeerblättern und den Schalotten eine Marinade zubereiten und den Braten 1 - 2 Tage einlegen. Anschließend den Braten mit Schaschlikspießen aus Holz zusammenstecken und im Ofen backen. Den Bratenfond mit Marinade aufgießen, in einem Topf erhitzen und mit Pfeffer, Liquamen und Passum abschmecken und mit Mehl binden. Den Braten aus dem Ofen nehmen und die Stücke von der Schwarte lösen und in der Sauce servieren.

XI. ALITER PVLLVM

(Huhn auf eine andere Art)
(Autor)

Für 4 Personen:

1 Brathähnchen à 1300 g
2 Knoblauchzehen
2 Schalotten
2 Ästchen frischer Koriander
2 Ästchen frischer Liebstöckel
etwas frische Minze
Salz, Pfeffer und Koriander aus der Mühle
Olivenöl, Weinessig, Honig
Liquamen (thailändische Fischsauce)

Zubereitung:
Das Hähnchen zerteilen, mit Salz, Pfeffer und Koriander würzen und in eine Marinade aus Knoblauch, Schalotten, Koriander, Liebstöckel Olivenöl und Fischsauce einlegen. Über Nacht bzw. mindestens mehrere Stunden ziehen lassen. Dann in einem Bräter von allen Seiten in Olivenöl knusprig anbraten und garen lassen. Aus dem Topf herausnehmen und im Backofen heiß halten. Die restliche Marinade in den Bratenfond geben, einmal aufkochen und mit Liquamen, Weinessig und Honig abschmecken und als Sauce zum Fleisch reichen.

XII. VITTELLINA FRICTA

(Gebratenes Kalbfleisch)
Apicius VIII, 5, 1

Für 4 Personen:

4 Kalbsschnitzel
Salz, Pfeffer und Koriander aus der Mühle
2 Ästchen frischer Liebstöckel
2 Ästchen frischer Oregano
2 Ästchen Selleriegrün
3 Msp. gemahlener Kreuzkümmel
1/2 Schalotte
1 EL Rosinen
Honig und Weinessig
50 ml herber Weißwein
Liquamen (thailändische Fischsauce), Olivenöl

Zubereitung:

Das Fleisch mit Salz, Pfeffer und Koriander würzen und in Olivenöl auf beiden Seiten gut anbraten. Die restlichen Zutaten in Olivenöl anschmoren, zusammen mit dem Bratenjus zu einer Sauce verarbeiten und mit Honig, Wein, Essig und Liquamen abschmecken. Mit Mehl binden und über das Fleisch geben.

XIII. IVS IN PISCE ELIXO

(Sauce für gekochten Fisch)
Apicius X, 1, 4

Für 4 Personen:

800 g Fischfilets
Salz, Koriander aus der Mühle
Weinessig
2 Ästchen frischer Liebstöckel
2 Ästchen frischer Koriander
2 Ästchen frisches Bohnenkraut
1 Zwiebel, 1 Knoblauchzehe
2 hart gekochte Eidotter
50 ml Passum (Rosinenwein)
Weinessig, Olivenöl
Pfeffer aus der Mühle
Liquamen (thailändische Fischsauce)

Zubereitung:
Die Fischfilets in einer Mischung aus Salz und Koriander wenden und in eine gefettete Auflaufform legen, die mit einer Alufolie zwischen Deckel und Form gut abgedichtet wird. Im Backofen bei ca. 170 Grad gar backen. Vor dem Servieren mit etwas Weinessig beträufeln.
Für die Sauce die Kräuter, die Zwiebel und den Knoblauch fein hacken und in Olivenöl andünsten, den Passum und etwas Öl zugeben und mit den zerstoßenen Eidottern zu einer Sauce verrühren. Mit Essig, Liquamen und Pfeffer abschmecken.

XIV. ALITER IN APRO

(Wildschwein auf andere Art)
Apicius VIII, 1, 3

Für 4 Personen:

800 g Wildschweinbraten aus der Keule
2 Ästchen Liebstöckel
2 Ästchen Oregano
2 Ästchen frischer Koriander
1 Zwiebel
50 ml Weißwein
Honig, Olivenöl, Liquamen (thailändische Fischsauce)
schwarzer Pfeffer und Koriander aus der Mühle
etwas Salz

Zubereitung:

Den Wildschweinbraten mit Salz, Pfeffer und Koriander würzen, mit Olivenöl bestreichen und bei mittlerer Hitze in einer Form im Backofen garen. Die fein gehackten Kräuter und die Zwiebel in etwas Olivenöl anschwitzen, mit Wein und Bratensud ablöschen, mit Liquamen und Honig abschmecken und mit Mehl binden. Den Braten aus dem Ofen nehmen, in Stücke schneiden und mit der Sauce übergießen.

XV. PORCELLVM CORIANDRATVM

(Ferkel mit Koriandersauce)
Excerpta a Vinidario XX (Auszüge des Vinidarius)

Für 4 Personen:

800 g Schweinefilet
2 Ästchen frischer Koriander
2 Ästchen frischen Dill
2 Ästchen frischer Oregano
2 EL Rosinen
1 Handvoll Pinienkerne
50 ml Weißwein
1 Zwiebel, 1 Knoblauchzehe
Liquamen(thailändische Fischsauce), Weinessig, Honig
Salz, Pfeffer und Koriander aus der Mühle
Olivenöl

Zubereitung:

Das Schweinefilet mit Salz, Pfeffer und Koriander würzen und in der Pfanne in Olivenöl knusprig anbraten. Die fein gehackten Kräuter, die Zwiebel und den Knoblauch zugeben und kurz schmoren lassen. Die Pinienkerne zerstampfen und mit den Rosinen und dem Wein ebenfalls zum Fleisch geben und heiß werden lassen. Das Ganze mit Essig, Honig und Liquamen abschmecken und servieren.

XVI. IVS IN PISCE ASSO

(Sauce für gegrillten Fisch)
Apicius X, 3, 3

Für 4 Personen:

800 g Fischfilets
2 Ästchen frischer Koriander
2 Ästchen frischer Thymian
2 Ästchen frischer Liebstöckel
1 Ästchen Weinraute
20 ml Weißwein
20 ml Defritum (Traubenmostsirup)
Honig, Essig, Olivenöl
Liquamen (thailändische Fischsauce),
Salz, Mehl zum Binden
Pfeffer und Koriander aus der Mühle

Zubereitung:

Die Fischfilets mit Olivenöl bestreichen, mit Salz, Pfeffer und Koriander würzen und auf dem Rost goldbraun grillen. Die Kräuter in Olivenöl leicht anschwitzen, mit Wein und Defritum aufgießen und kurz schmoren lassen. Mit Honig, Pfeffer, Essig und Liquamen abschmecken und mit Mehl binden.

XVII. AGNVS FRICTVS

(Gebratenes Lamm)
(Autor)

Für 4 Personen:

1 Lammkeule ca. 800 g
1 Zwiebel
3 Knoblauchzehen
2 Ästchen frischer Koriander
2 Ästchen frisches Selleriegrün
2 Ästchen frischer Liebstöckel
2 Ästchen frischer Oregano
2 Ästchen frisches Bohnenkraut
1 Handvoll Rosinen
3 Msp. gem. Kreuzkümmel
Salz, Pfeffer und Koriander aus der Mühle
50 ml Passum (Rosinenwein)
Honig, Weinessig
Liquamen (thailändische Fischsauce)
etwas Wasser

Zubereitung:

Die Lammkeule mit Salz, Pfeffer und Koriander würzen und in einem Bräter von allen Seiten scharf anbraten. Zwiebeln, Knoblauch und etwas Wasser zugeben und bei geschlossenem Topf schmoren lassen. Kurz bevor das Fleisch gar ist, die fein gehackten Kräuter und den Kreuzkümmel zugeben und gar werden lassen. Dann die Rosinen zusammen mit dem Passum in den Sud geben und heiß werden lassen. Die Lammkeule herausnehmen und tranchieren. Die Sauce mit Honig, Essig und Liquamen abschmecken, mit Mehl binden und über das Fleisch gießen.

XVIII. PVLS

(Römischer Eintopf)
(Autor)

500 g gemischter Gulasch
25 g Bauchspeck in Würfel
1 Zwiebel
1 Zehe Knoblauch
1/4 Stange Lauch
3 Lauchzwiebeln
2 Karotten
50 g Champignons
50 g Gerstengraupen
50 g Gerstengrütze
100 g Linsen
an frischen Kräutern:
Koriander, Selleriegrün, Oregano, Liebstöckel,
Poleiminze und Weinraute
zum Abschmecken:
Liquamen (thailändische Fischsauce),
Salz, gemahlener Pfeffer und Koriander, Honig,
Essig und Olivenöl

Zubereitung:
Das Fleisch mit dem Bauchspeck in etwas Olivenöl anbraten. Nach und nach die grobgeschnittenen Zwiebeln, den gehackten Knoblauch und die in Scheiben geschnittenen Karotten dazugeben und schmoren lassen. Leicht salzen und pfeffern. Anschließend auch den in Scheiben geschnittenen Lauch, die Lauchzwiebeln und die Champignons zugeben. Mit ca. 500 ml Wasser auffüllen. Die Graupen, die Grütze und die Linsen sowie die grob gehackten frischen Kräuter beifügen. Nochmals leicht nachsalzen und pfeffern. Dann das Ganze gar kochen. Mit Honig, Essig, Fischsauce, Pfeffer, Salz und Koriander abschmecken.

XIX. IUS ALBUM IN COPADIIS

(Schnitzel mit weißer Sauce)
Apicius VII, 6, 9

4 Schweineschnitzel
Pfeffer, Koriander und Salz
für die Sauce:
Pfeffer, Liebstöckel, Kreuzkümmel, Thymian, Pinienkerne, Nüsse, Honig, Essig und Liquamen (thailändische Fischsauce), Wasser

Zubereitung:

Pinienkerne und Nüsse über Nacht in Wasser einweichen.
Die Schweineschnitzel mit Pfeffer, Koriander und Salz würzen. In Olivenöl gut durchbraten aus der Pfanne nehmen und im Ofen warmhalten.
1/4 Liter Wasser in die Pfanne geben und kurz aufkochen. Die Kräuter, die Pinienkerne und die Nüsse hinzugeben und alles einkochen lassen. Mit Pfeffer, Honig, Essig und Liquamen abschmecken.

XX. IUS IN ELIXAM

(Kochfleisch mit Sauce)
Apicius VII, 6, 2

800 g Rindfleisch
Karotte, Petersilie, Salz
für die Sauce:
Pfeffer, Petersilie,
Liquamen (thailändische Fischsauce), Weinessig,
Datteln, Zwiebeln und Olivenöl.

Zubereitung:

Das Rindfleisch auf kleiner Flamme in einer Gemüsebrühe mit Karotte, Petersilie und Salz langsam garen.
2 kleingehackte Schalotten in etwas Olivenöl dünsten. Etwa 5 Datteln kleinschneiden und hinzugeben. Das Ganze mit 1/4 Liter Brühe vom Rindfleisch ablöschen. Kurz einkochen lassen und mit Pfeffer, Essig und Liquamen abschmecken. Das Fleisch auf einer Platte anrichten und die Sauce darüber gießen. Mit Petersilie garnieren.

XXI. IUS IN CORDULA ASSA

(Gegrillter Thunfisch mit Sauce)
Apicius IX, 10, 5

500 g Thunfisch
Schwarzer Pfeffer, Koriander aus der Mühle, Salz
für die Sauce:
Pfeffer, Liebstöckel, Selleriegrün, Minze, Weinraute, Datteln, Honig, Essig, halbtrockener Wein und Olivenöl, eventuell Wasser

Zubereitung:

Den Thunfisch mit Pfeffer und Salz würzen und in Olivenöl braten. Im Ofen warmhalten.
6 Datteln kleinschneiden und in eine Pfanne mit Olivenöl geben. Die kleingehackten Kräuter hinzugeben und das Ganze mit 200 ml Wein ablöschen. Gut einkochen lassen und ggf. etwas Wasser hinzufügen. Honig, Essig und Pfeffer zum Abschmecken.

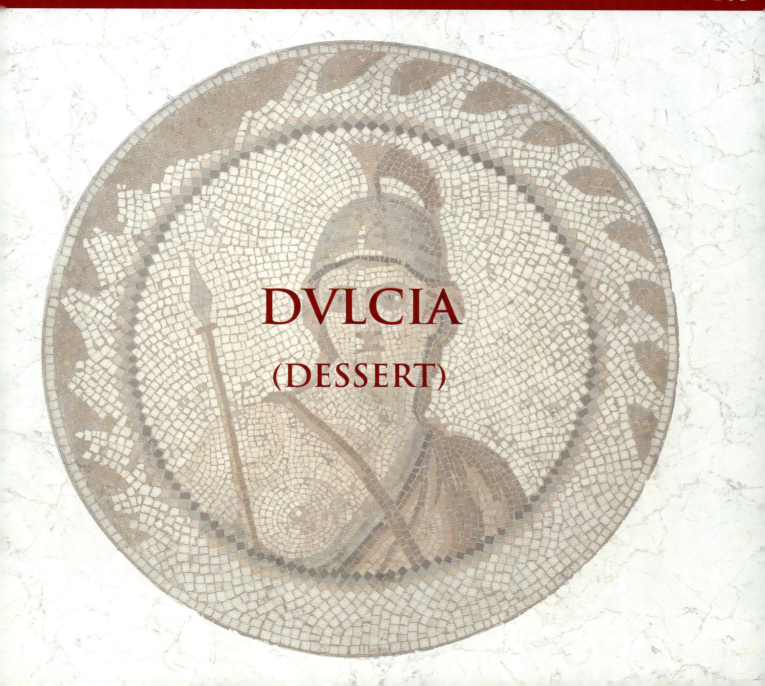

DVLCIA
(DESSERT)

I. PATINA DE PIRIS

(Birnenauflauf)
Apicius IV, 2, 35

Für 4 Personen:

1 kg Birnen
2 EL Honig
200 ml Passum (Rosinenwein)
1 - 2 Msp. gemahlener Kreuzkümmel
Liquamen (thailändische Fischsauce), Olivenöl
4 Eier
Pfeffer aus der Mühle

Zubereitung:

Die Birnen schälen, vierteln, entkernen und in Stücke schneiden. Mit Passum, Honig, Kreuzkümmel, einem Schuss Olivenöl und einem Schuss Liquamen zugedeckt weich kochen. Die Birnen zerstampfen oder pürieren und völlig abkühlen lassen. Die Eier mit einem Handmixer kräftig aufschlagen und unter die Birnenmasse heben. Die Masse in eine gut geölte Auflaufform gießen und zugedeckt bei mittlerer Hitze stocken lassen. In der Form mit Pfeffer bestreuen und auftragen.

II. OVA SFONGIA EX LACTE

(Omeletts mit Milch)
Apicius VII, 13, 8

Für 4 Personen:

6 Eier
300 ml Milch
4 El Olivenöl
Honig zum Bestreichen
Salz, Pfeffer aus der Mühle

Zubereitung:

Die Eier mit dem Handmixer schaumig aufschlagen, die Milch, 1 Prise Salz und etwas Olivenöl unterrühren. Olivenöl in der Pfanne erhitzen und die Eiermasse als Omelette backen. Noch heiß auf einen Teller geben, mit Honig bestreichen, mit Pfeffer bestreuen und servieren.

III. PATINA VERSATILIS VICE DVLCIS

(Gestürzter Auflauf als Süßspeise)
Apicius IV, 2, 16

Für 4 Personen:

60 g Hasel- oder Walnüsse
60 g Pinienkerne
4 Eier
200 ml Milch
6-8 EL Honig
Olivenöl, Liquamen (thailändische Fischsauce)
Pfeffer aus der Mühle
etwas Weißwein

Zubereitung:

Die Nüsse und die Pinienkerne fein hacken und in etwas Olivenöl in der Pfanne anrösten. Die Eier mit Milch, Wein und Honig aufschlagen und mit jeweils einem Schuss Öl und Liquamen mit den Nüssen verquirlen. Das Ganze in eine gut gefettete Auflaufform füllen und bei 150°C Heißluft im Backofen goldbraun aufbacken. Auf eine Platte stürzen, mit Pfeffer bestreuen und servieren.

IV. ALITER PATINA VERSATILIS
(Ein gestürzter Auflauf auf eine andere Art)
Apicius IV, 2, 2

Für 4 Personen:

60 g Haselnüsse
60 g Pinienkerne
4 Eier
200 ml Milch
6-8 EL Honig
Olivenöl, Liquamen (thailändische Fischsauce)
Pfeffer aus der Mühle

Zubereitung:

Die Nüsse und die Pinienkerne fein hacken. Die Eier mit Milch und Honig aufschlagen und mit jeweils einem Schuss Öl und Liquamen mit den Nüssen verquirlen. Das Ganze in eine gut gefettete Auflaufform füllen und bei 150 Grad Heißluft im Backofen goldbraun backen. Auf eine Platte stürzen, mit Pfeffer bestreuen und servieren.

V. PATINA DE CIDONEIS

(Quittenauflauf)
Apicius IV, 2, 37

Für 4 Personen:

500 g Quitten
1/2 Stange Lauch
50 ml Defritum (Traubenmostsirup)
3 EL Honig
Liquamen (thailändische Fischsauce), Olivenöl

Zubereitung:

Die Quitten und den Lauch zerkleinern und in Öl andünsten. Dann mit dem Defritum und etwas Wasser ablöschen und den Honig zugeben. Wenn die Quitten weich gekocht sind, das Ganze zerstampfen und mit einem Schuss Liquamen abschmecken.

VI. GLOBVLI

(Quark-/Mohnbällchen)

250 g Weizengrieß
375 g Quark
Olivenöl, Honig und Mohn

Zubereitung:

Den Weizengrieß zusammen mit dem Quark verkneten und einige Stunden ruhen lassen. Mit nassen Händen ca. 2 cm Ø große Kugeln formen. Etwas Olivenöl in einer Pfanne erhitzen und unter häufigem Wenden die Bällchen goldbraun backen. Aus der Pfanne nehmen, mit warmen Honig übergießen und in Mohn wälzen.

VII. TIROPATINAM

(Käseauflauf)
Apicius VII, 13, 7

Für 4 Personen:

5 Eier
500 ml Milch
4 EL Honig
Pfeffer aus der Mühle

Zubereitung:

Die Eier mit der Milch und dem Honig aufschlagen und das Ganze im Wasserbad im Backofen zugedeckt stocken lassen. Mit Pfeffer bestreuen und servieren.

CONDITVM PARADOXVM

(Paradoxer Gewürzwein)
MVLSVM
Apicius I, 1

Für ca. 5 Liter:

4,5 l trockener Weiß-, Rosé- oder Rotwein
1 kg Honig
ca. 7 Lorbeerblätter
ca. 7 - 10 grob gemahlene schwarze Pfefferkörner
ca. die doppelte Menge geschroteten Koriander

Zubereitung:

1 l Wein mit 1 kg Honig aufkochen und kurz wallen lassen. Anschließend die Gewürze zu der noch heißen Flüssigkeit zugeben. Über Nacht erkalten u. ziehen lassen. Am nächsten Tag die restlichen 3,5 l Wein zugeben und ca. 1 Woche an einem kühlen Ort ziehen lassen. Vor Gebrauch aufschütteln und kühl servieren.

Die Quellen

Marcus Porcius Cato Censorius
(gen. der Ältere)

Cato lebte von 234 - 149 vor Christus, war römischer Feldherr, Geschichtsschreiber, Schriftsteller und Staatsmann. Das um 150 v. Chr. entstandene Werk "De re agricultura" (Einleitung in die Landwirtschaft) ist die älteste und vollständig erhaltene Prosaschrift, aus der wichtige Details zu den Kulturpflanzen der römischen Zeit entnommen werden können.

Publius Vergilius Maro
(Vergil)

Vergil lebte von 70 - 19 v. Chr. und war neben Horaz der bedeutendste römische Dichter der Augusteischen Zeit. Von ihm ist das Rezept des "Moretum" überliefert (s. Vorspeisen Seite 20), das beschreibt wie ein italischer Bauer sich am Morgen sein Frühstück zubereitet.

Marcus Gavius Apicius

Apicius war ein römischer Starkoch, wir würden heute sagen der "Bocuse" der Römerzeit. Apicius lebte im 1. Jahrhundert n. Chr. unter Kaiser Tiberius und Plinius, der Ältere schreibt über ihn, dass er der größte Prasser und zu aller Art von Luxus geboren sei. Seneca wiederum berichtet uns, dass Apicius sein Leben mit Gift beendete, nachdem er 100 Millionen Sesterzen für die Küche verschwendet hatte und ihm "nur noch" 10 Millionen Sesterzen zum Leben geblieben waren. Das Apicianische Kochbuch "De re coquinaria", dessen Text in einer Fassung des 3. oder 4. nachchristlichen Jahrhunderts vorliegt, stammt möglicherweise gar nicht von ihm. Es könnte durchaus sein, dass es sich um eine ihm zu Ehren zusammengestellte Rezeptsammlung handelt. Erhalten ist das Kochbuch des Apicius in zwei karolingischen Handschriften aus dem 9. Jahrhundert.
Da Apicius so gut wie keine Mengenangaben macht, geht man heute davon aus, dass das Klientel aus Profiköchen bestand, bei denen vorausgesetzt werden konnte, dass sie mit allen Grundtechniken und Kniffen der damaligen Zeit vertraut waren.

Lucius Iunius Moderatus Columella

Columella war ein römischer Schriftsteller, der um 50 n. Chr gelebt hat. Er verfasste zur Zeit des Kaisers Claudius "De re rustica", ein Werk über die Landwirtschaft, den Gartenbau und die Baumzucht. Es ist eines der bedeutendsten erhaltenen Werke über die Landwirtschaft aus römischer Zeit.

Plinius Maior

(Plinius der Ältere)

Plinius, der Ältere war ein römischer Ritter der von etwa 23 - 79 n. Chr. gelebt hat. Nach dem Absolvieren der damals typischen Militärkarriere, wurde er vor allem durch sein naturwissenschaftliches Werk "Naturalis Historia" (Naturgeschichte) bekannt. In dieser Enzyklopädie von 37 Büchern fasste er das naturkundliche Wissen seiner Zeit zusammen, unter anderem auch über den Gartenbau. Plinius starb 79 n. Chr. beim Ausbruch des Vesuvs, wo er in Stabiae an Schwefeldämpfen des Vulkans erstickte.

Literaturhinweise:

1) Das römische Kochbuch des Apicius, vollständige zweisprachige Ausgabe, Reclam Verlag, Hrsg. R. Maier
2) Beiträge zur Geschichte des Bitburger Landes Heft 50/51
   "Römisches Alltagsleben auf einer Villa Rustica im Trierer Land" von Cornelia Klose

SERVICE

Liebe Leserinnen und Leser,

um Ihnen die Möglichkeit zu geben, die römischen Rezepte in einem entsprechenden Rahmen möglichst authentisch nachkochen zu können, bedarf es einiger Informationen über die Verfügbarkeit der Rohstoffe. Die allermeisten Zutaten werden Sie heute in einem Lebensmittelladen Ihrer Wahl käuflich erwerben können. Es gibt jedoch spezielle Kräuter und Gewürze, die entweder nur in Fachgeschäften bzw. überhaupt nicht im Handel erhältlich sind. Hierzu zählen in erster Linie die Weinraute, die Poleiminze, das röm. Liquamen, und der Traubenmostsirup. Auch das Passum gibt es leider nicht im Handel, man muss sich hier dann die Arbeit machen, es selbst anzusetzen.

Wie bei der Beschreibung der Rohstoffe bereits angeschnitten, können Sie, sofern Sie die Möglichkeit des Anpflanzens im eigenen Garten haben, die Weinraute und auch die Poleiminze in einer Gärtnerei als Staude erwerben und fortan als Resource nutzen. Als Ersatz für die Poleiminze könnte ich durchaus normale Minze, auch in getrockneter Form, empfehlen.
Beim frischen Koriander ist es ähnlich, zu gewissen Zeiten können Sie in den normalen Lebensmittelläden schon mal auf Koriandergrün in kleinen Pflanztöpfen zurückgreifen. Die meiste Zeit des Jahres wird man ihn lediglich im Gastro-Großhandel erhalten. Da Koriander ein einjähriges Kraut ist, gibt´s auch hier wieder die Möglichkeit, sofern alternativ, ihn im Frühjahr im Garten auszusähen und dann entweder frisch zu nutzen oder in einem mittleren Blattstadium abzuschneiden und einzufrieren.

Beim Liquamen können Sie, wie gesagt, auf fernöstliche Fischsaucen zurückzugreifen. Hier sollten Sie die Sauce nehmen, die Ihnen vom Geschmack her am meisten zusagt. Meine Empfehlung wäre hier die thailändische oder chinesische Fischsauce, die Sie im Asia-Shop bzw. mittlerweile auch in verschiedenen Discountern im Rahmen von Asia-Wochen bekommen.

Den Traubenmostsirup (Defritum bzw. Caroenum) können Sie natürlich aus ganz normalem Traubensaft auf die gewünschte Konsistenz einkochen, das würde jedoch entscheidend den Rahmen sprengen. Vielmehr gibt es die Möglichkeit sich in einem türkischen Laden nach "Üzüm Pekmezi" zu erkundigen. Hierbei handelt es sich um einen sehr preisgünstigen und wohlschmeckenden Traubensirup. Notfalls würde auch ein normaler Traubensaft ausreichen, was das Ergebnis natürlich entsprechend verfälscht.

Passum ist leider Gottes nirgendwo erhältlich, man kann es jedoch wie bei den Zutaten bereits beschrieben auf einfachste Art und Weise selbst herstellen. Schlimmstenfalls wäre es durch Marsala, Portwein oder Süßwein zu ersetzen. Aber auch hier mein Hinweis, vom Geschmack her nicht zu vergleichen!

Hier in meinem Buch wurde ganz bewusst die Backschiene vernachlässigt, da es ja in erster Linie um die kulinarischen Dinge des römischen Lebens geht. Grundsätzlich gehört das Brot in vielfältiger Form zu einem römischen Mahl, aber auch hier würde die eigene Herstellung von Brot den gesteckten Rahmen sprengen. Man kann sich einfachen Fladenbrotes aus dem Handel bedienen, es besteht jedoch die Möglichkeit original nachgebackenes Brot bei unserem Legionsbäcker Karli zu bestellen. Er hat mittlerweile an die 7 Sorten Brot und Süßgebäck nach Originalrezepten kreiert, die er auch auf Bestellung herstellt. Auch ihn kann man bei allen großen Römerfesten in Deutschland mit seinem römischen Pistrinum (Bäckerei) antreffen.

Karl Bosse
Wittlicher Str. 6
54634 Bitburg
Tel.: 06561/3792
E-mail:karl.bosse@gmx.de

Um ein römisches Mahl relativ originär zu gestalten, benötigt man natürlich ein entsprechendes Equipment im Sinne von Keramik und Besteck.

Diese Accessoires kann man selbstverständlich nicht im Einzelhandel erwerben, da es sich um explizite Repliquen handelt. Es gibt jedoch einige röm. Handwerker, die solche Teile herstellen und auch vertreiben. Dazu zählen zunächst die Teller, Becher, Schalen, Reibschalen etc. aus normalem Ton aber auch aus der edlen Terra Sigilata.

In Xanten gibt es eine Töpferei, die alle römischen Keramikteile im Programm führt.

Keramikatelier Anne-Claire Bours
Marsstraße 89
46509 Xanten
Tel.: 02801/6951

Hier können Sie, wenn gewünscht, sich natürlich gerne versorgen. Ansonsten werden Sie die Anne-Claire mit Ihrem Töpferstand bei allen großen Römerfesten in Deutschland antreffen.

Die übrigen Accessoires gibt´s entweder über das Internet (einfach Suchwort "röm. Replikate" eingeben) oder beim Historischen Lederstudio Hans Binsfeld, der neben römischen Schuhen auch alle anderen Teile aus der römischen Zeit als Replikat nachbauen kann. Hier werden Sie mit Sicherheit fündig werden.

Hans Binsfeld Replikate
Historisches Lederstudio
Prälat-Benz-Straße
54634 Bitburg
Tel.:06561/60985
E-mail: BinsfeldSH@t-online.de
Web-Site: binsfeld-replikate.de

Zum Schluss noch ein Hinweis auf unseren Verein, die Milites Bedenses, einen Verein für experimentelle Archäologie mit Sitz in Bitburg. Wir haben es uns zur Aufgabe gemacht, die römische Welt des 1. Jahrhunderts n. Chr. mit all ihren Facetten so authentisch wie möglich darzustellen. Falls Sie Fragen zu einem Bereich aus der römischen Geschichte haben sollten, wenden Sie sich vertrauensvoll an uns.

Milites Bedenses, röm. Soldaten im Bitburger Land e.V.
LEGIO XXII PRIMIGENIA
1. Vorsitzender Edgar Comes
Auf Burggarten 14
54647 Pickließem
Tel.:06565/94578 o. 0177/8731869
E-mail: edgar.comes@t-online.de
Web-Site des Vereins: milites-bedenses.de

Bei mir können Sie natürlich gerne detailliertere Informationen über die römische Küche und über andere Rezepte bekommen, die in diesem Buch nicht enthalten sind. Hierfür stehe ich Ihnen selbstverständlich jederzeit zur Verfügung.

GRATIA (DANK)

Ganz herzlich bedanken möchte ich mich bei allen, die bei der Verwirklichung dieses Buches mitgeholfen haben.

Ein doppeltes und dreifaches Dankeschön gebührt Markus Plein und seinem Team aus dem Gourmet-Restaurant "Altes Kelterhaus" in Wintrich/Mosel, der die Umsetzung meines Traums überhaupt erst ermöglicht hat. Er hat immer wieder tatkräftig mitgeholfen und mir uneigennützig aus freien Stücken seine Küche für das Fotoshooting zur Verfügung gestellt. Er und seine Mitarbeiterinnen und Mitarbeiter haben entscheidenden Anteil am Gelingen dieses Buches.
Lieber Markus, ohne Dich hätte ich das nie geschafft!

Ganz herzlich bedanken möchte ich mich auch bei Anne-Claire Bours aus Xanten, die mir unentgeltlich einen großen Teil der benötigten Keramik aus ihrem Fundus zur Verfügung gestellt hat.

Ein ebenso großes Dankeschön gilt meinen Freunden und Römerkameraden/innen Dirk Linden, Achim Becker, Wolfgang Friedrich und Inge Franzen aus Wintrich, sowie Karl Bosse und Helmut Pleines aus Bitburg, die immer dann zur Stelle waren, wenn sie gebraucht wurden und mir ebenso uneigennützig ihr eigenes Equipment zur Verfügung gestellt haben.

Ein ganz besonderes Dankeschön gilt aber meiner Frau Gaby und meiner Tochter Victoria, die mich immer unterstützt haben und das ein oder andere Mal auf mich verzichten mussten!!

Mein herzlicher Dank gilt aber auch allen anderen, die hier nicht explizit erwähnt wurden, jedoch mit ihrem Einsatz dazu beigetragen haben, dass mein "Römerkochbuch" hoffentlich ein voller Erfolg werden wird!

MENÜVORSCHLÄGE

CENA I:

Gustatio:
I. MORETUM mit Fladenbrot

Additio:
VIII. ALITER BULBOS

Mensa Prima:
II. LUCANICAE (Frikadellen)

Dulcia:
VI. TIROPATINAM

CENA II:

Gustationes:
II. OVA ELIXA
VI. ALITER PATINA ASPARAGIS

Additio:
I. BETAS MINUTAS ET PORROS

Mensa Prima:
VII. PULLUM NUMIDICUM

Dulcia:
II. OVA SFONGIA EX LACTE

CENA III:

Gustationes:
III. IN OVIS APALIS
V. IN TUBA EX LIQUAMINAE
XI. PATINA DE CUCURBITAS

Additiones:
III. PISUM VITELLIANAM
IV. CONCICLA

Mensa Prima:
X. OFELLAS OSTIENSES

Dulcia:
IV. ALITER PATINA VERSATILIS

CENA IV:

Gustationes:

IV. ALITER CUCUMERES

VII. PATINA PISCICULIS

X. LENTICULAM CASTANEIS

Additiones:

VI. ALITER TISANAM

Mensae Primae:

V. MINUTAL MATIANUM

XVII. AGNUS FRICTUS

Dulcia:

III. PATINA VERSATILIS VICE DULCIS

CENA V

Gustationes:

I. MORETUM mit Fladenbrot

II. OVA ELIXA

III. IN OVIS APALIS

IV. ALITER CUCUMERES

XII. ESICIA DE TURSIONE

Additiones:

X. ALITER PORROS

XI. BOLETOS FUNGOS

XII. FABACIAE VIRIDES

Mensae Primae:

XI. ALITER PULLUM

XII. VITELLINA FRICTA

XIII. IUS IN PISCE ELIXO

Dulcia:

I. PATINA DE PIRIS

II. OVA SFONGIA EX LACTE

Als Apéritif reiche man zu allen Menüs rotes oder weißes Mulsum!!

Heiko Schwartz
Ritter-Kochbuch

ISBN 978-3-86738-029-4
Hardcover /128 Seiten
Format 21 x 20 cm
€ 14,95

Wer einmal in den Gewölben einer einst uneinnehmbaren Feste im tanzenden Lichtschein der Fackeln einen guten Wein getrunken und dabei den Harfenklängen längst vergessener Melodien gelauscht hat, oder wer an solch einem Ort ein dunkles Bier zu gegarten Köstlichkeiten von einer sich biegenden Tafel verzehrt hat, weiß, wie schnell man alles um sich herum vergisst und eine Zeitreise in eine alles andere als „dunkle" Zeit beginnt.

Dieses Kochbuch gibt Inspiration und Anleitung zu einer kulinarischen Reise an die im Feuerschein glühenden Herdstellen und prunkvollen Tafeln der Ritterzeit, aber es zeigt uns auch den fahrenden Ritter oder Kaufmann, der im Feldlager oder einem armseligen Wirtshaus nächtigt und vorher noch eine gute Mahlzeit genießen will.

www.Felix-ag.de

Andrea Gräupel & Stefan Müller
Alamannen Kochbuch

ISBN 978-3-86738-052-2
Hardcover / 128 Seiten
Format 21 x 20 cm
€ 14,95

Der Volksstamm der Alamannen besiedelte von ca. 260 nach Christus für annähernd fünf Jahrhunderte den südwestdeutschen Raum. Im heutigen Baden-Württemberger Raum wurden in den letzten Jahren ganze Siedlungen entdeckt und ausgegraben. Diese archäologischen Funde ermöglichen einmalige Einblicke in das Leben in einem frühmittelalterlichen Dorf und lassen Rückschlüsse auf die Essgewohnheiten der Alamannen zu.

Anhand dieser Quellen und Schriftzeugnisse historischer Schriftsteller anderer Kulturen, haben die Autoren Rezepturen erstellt, wie sie vor nunmehr 1800 Jahren an den Feuerstellen der Alamannen zubereitet wurden.

Erfreuen Sie sich mit neuen Rezepten an der kulinarischen Aufhellung einer längst vergangenen und vergessenen Zeit.

www.Felix-AG.de

Saeta Godetide & Carolin Küllmer

Wikinger Kochbuch

ISBN 978-3-86738-033-1
Hardcover / 160 Seiten
Format 21 x 20 cm
€ 14,95

Wir schreiben das Zeitalter der Wikinger. Die faszinierende und hochentwickelte Kultur der nordischen Seefahrervölker, ihre Mythologie, Lebensweise sowie ihre Kochkünste sind es, die die beiden Autorinnen Saeta Godetide und Carolin Küllmer zu diesem Buch inspiriert haben. Während die spätmittelalterliche Küche in Zeiten der kulinarischen Vielfalt und Wiederentdeckung alter Lebensweisen viele Fans um sich schart, besinnt sich kaum einer auf den Beginn des ersten Jahrtausends, in dem noch keine anämischen Burgfräuleins und blechgerüsteten Ritter um die Gunst der übersättigten Leserschaft stritten. Dabei waren auch die wilden Jahre vor Kreuzrittern und Co wegweisend für unsere heutige Zivilisation. Aber das leider weit verbreitete Bild von plündernden Barbaren mit Hörnerhelmen verfälscht und verdrängt die Ära der Nordmänner in den Schatten der Geschichte.
Kochen unter Odins wachem Auge:
- Welche Zutaten waren damals vorhanden?
- Wie könnten diese zubereitet worden sein?
- Wie kochen wir im 21. Jahrhundert „wikingisch"?

Dieses Buch zeigt in leckeren Rezepten und spannenden historischen Fakten wie die Wikingerfrau als Hüterin des Herdfeuers lebte, liebte und kochte. Wunderschöne Aufnahmen erlauben einen Blick in die Welt der Wikinger und lassen uns die Kultur unserer Vorfahren nachempfinden. Mit vielen praktischen Hinweisen, Insiderwissen und Hilfestellungen von „Wiki"-Köchin Saeta wird jeder Wikinger-Begeisterte, ob Einsteiger oder routinierter Lagerdarsteller noch einiges über Organisation und Ausstattung einer Lagerküche erfahren können.

www.Felix-ag.de

Fiona Bondzio
Das Highlander Kochbuch

ISBN 978-3-86738-044-7
Hardcover / 96 Seiten
Format 21 x 20 cm
14,95 €

Die Küche der Gälen - Kochen im Einklang mit dem Rhythmus der Natur

Das Highlander Kochbuch bietet einen faszinierenden Einblick in die traditionelle Küche der schottischen Highlander und ihrer gälischen Kultur, die sie bis weit ins 17. Jahrhundert mit dem Land und dem Meer verbunden hat.
Schottland, dieses unermesslich weite und wilde Land, auf drei Seiten umgeben vom Atlantischen Ozean und der Nordsee, war und ist bis heute mit feinsten Meeresfrüchten, einer Vielfalt an Wildarten und dem wohl bekanntesten Rind, dem Highland Cattle, reich an hochgeschätzten Spezialitäten. In alter Zeit waren diese Delikatessen jedoch den Clanchefs vorbehalten, die von ihren Untertanen in Naturalien bezahlt wurden.

In diesem Buch finden Sie sowohl eine Auswahl an ursprünglichen und rustikalen Rezepten von den Feuerstellen der Schäfer, Fischer und Kleinbauern, als auch von den weltbürgerlichen Tafeln der Clanchefs, denen sie zu dienen verpflichtet waren. Alle Zutaten, die bis ins 17. Jahrhundert gebräuchlich waren, werden detailliert beschrieben und wo notwendig, durch alternative aber authentische Zutaten für den heutigen Gebrauch ersetzt. Darüber hinaus bietet dieses Buch interessante Einblicke in die damaligen Tisch- und Tafelsitten und viele Informationen rund um die historischen Kochküchen und Utensilien. Die einfache Küche der Gälen, mit ihren hochwertigen saisonalen und heimischen Produkten entspricht voll und ganz dem heutigen Kochtrend. Alle Rezepte sind leicht nach zu kochen und voller Highland Aroma.

www.Felix-ag.de

Tatjana Junker
Lagerküche
Mittelalterlich kochen auf offenem Feuer

ISBN 978-3-7888-1301-7
Hardcover / 128 Seiten
Format 21 x 20 cm
€ 14,95

Es gibt nichts Schöneres als ein offenes Feuer! Doch darauf zu kochen, damit tun sich viele schwer. Die Autorin zeigt, worauf man beim Feuer achten muss und gibt dem Leser köstliche Rezepte an die Hand, die auch mit ein-fachen Mitteln nachgekocht werden können.
Vom Schüsseltreiben im Herbstwald nach einer Drückjagd bis zur mittelalterlichen Hochzeit – dieses Buch ist universell einsetzbar. Tatjana Junker betreibt einen Cateringservice, insbesondere für Mittelalterfeste, historische Hochzeiten etc.

WWW.NEUMANN-NEUDAMM.DE